質的イノベーション時代の思考力

科学技術と社会をつなぐデザインとは

田浦俊春

勁草書房

はじめに

科学技術が急速に発達しモノが溢れている現代社会では、イノベーションはどの方向に進むのだろうか。

今日まで、生活者は「利便性の向上」を求め、かたや、それらをつくる側（生産者）は「生産性の向上」を追求してきた。その成果は目覚ましく、現代では、高品質で高性能の自動車や電気製品などが廉価に提供され、我々は生活にそれほど不自由さを感じなくなってきているといえよう。このような「利便性の向上」と「生産性の向上」を指向するイノベーションを「量的イノベーション」とよぼう。

視点を変えると、たとえば、携帯型音楽プレーヤが音楽の楽しみ方、さらには、電車内での時間の過ごし方に変化をもたらしたように、新たな生活スタイルを生み出し新たな文化を創成するというような社会の質的な変化に資するイノベーションもある。それを「質的イノベーション」ということにしよう。

今後は、「量的イノベーション」に代わって、「質的イノベーション」への転換が進むと考えられる。本書では、そのためにはある種のデザイン力が必要なことを指摘し、それはどのようなものであり、どのようにすれば獲得できるかを述べる。

その議論での主眼は、あたりまえのように多くの人が思っている「デザイン＝問題解決」という考え方、もしくは、問題解決のための能力を鍛え実践すれば、個人ないし組織の創造性が育まれるという素朴な考え方に疑問を投げかけることである。決して、問題解決を否定しているのではない。問題解決という巨大なドグマのような論理の陰に、なにか大切なことが置き忘れられているように思えるのである。

詳しくは第4章および第8章で述べるが「問題解決的デザイン（本書では、分析的デザインと表している）」は、一つの考え方であると確認したい。本書が示す「構成的デザイン」も一つの考え方である。考え方であるから、どちらもあってよい。どちらかが正しいというものではない。デザインは、学術として取扱われるようになってまだ日が浅い。根本的なところで、まだまだ議論を重ねる必要があるように思う。丁寧で健全な議論をしなければならない。そうでなければ、いつまでたっても、デザインの現場（実務および教育の現場）がいわゆる流行に振り回され続けることになる。

第1章では、はじめに、イノベーションのためのデザインを「プロダクトを介して、科学技術と社会とを橋渡しすること」と定める。その上で、イノベーションを起こすには、科学技術と社会をいかに結びつけるかが肝要であり、その役割を担うのがデザイン力であるという筆者の基本的な考えを述べる。

第2章では、そのデザイン力について、創造的思考の観点から言及する。デザインにおける創造的思考は、先入観から解放されるプロセスを主意とする固執解放型と、いくつかの異なる性質の要素を組合せてそのどちらでもない新しいものをつくり出すプロセスを主意とするシンセシス型の二つのタイプに分類されることを示す。そして、質的イノベーションには、シンセシス型の方がより強く寄与することを述べる。

第3章では、シンセシスの具体的な理論と方法論について述べる。具体的には、シンセシスが大きく三種類に分類されることを示す。そのうちの二種類は、モノの概念とモノの概念を組み合わせるものであり、残りの一種類は、プロダクトが使用される場（状況）とモノの概念を組み合わせるものである。あんパンは前者の例であり、ゲーム機に実世界を組み込んだポケモンＧＯは後者の例である。

第4章では、創造的思考についてさらに深く掘り下げる。そのため、「直観から直感へ」「アナリシスからシンセシスへ」「設計解から仮説へ」、および、「プロダクトの目的や目標をデザインの外から内へ」の方向にデザインの重心を移動することの必要性について議論する。続いて、これらの議論を踏まえて、感性的な直感にもとづいてシンセシスを行う「構成的デザイン」と、問題解決に有効な「分析的デザイン」から成る、デザインのプロセスモデルを提案する。つまるところ、質的イノベーションには、構成的デザインが深く関与することを述べる。

第5章では、構成的デザインを実際に行うためには、どのような知識ないし能力が必要かを検討する。まず、いわゆる知識ではなく能力としての思考力（本書では、これを「構成的思考力」とよぶ）が必要なことを指摘し、その思考力とは「広い意味での抽象を操る能力」であると述べる。続いて、抽象には、似顔絵のような捨象としての抽象、抽象画の抽象、そして仮想の概念としての抽象の三種類があることを示す。そして、思考力を獲得するための方法として、先人の「設計思想」を学ぶことと、「知的な基本動作」を鍛錬することを提案する。

第6章では、「設計思想」について論究する。「設計にはなぜ思想が必要か」提起をし、「設計思想とはどのようなものなのか」、続いて「設計思想の課題は何か」という問いについて、事例を参照しながら考えていく。

第7章では、「知的な基本動作」を鍛錬することを目的に筆者らが実施したデザインスクールについて紹介する。

第8章では、構成的デザインの諸相や課題等について考察する。はじめに、思考の線形性、問題解決や問題発見、深い思考、効率性、合意形成や評価の観点から構成的デザインの諸相について検討する。次に、デザインの動機に焦点をあてた議論を行う。続いて、構成的デザインの心構えを、個人、教育、組織の立場から示す。さらに、構成的デザインの課題について、Design の訳語および人材育成の視点から指摘する。最後に、本書の締めくくりとして「不測に立ちて無有に遊ぶ」という荘子の言葉を紹介する。

本書は実用書ではないが、空論に終わらないように、方法論はできるだけ具体的に説明するようにした。「イノベーション」「思考力」「(広い意味での) デザイン」などに興味のある人であれば、予備知識なしに読めるように記述したつもりでいる。専門職大学院の教科書に使用されることも想定している。一方で、学術書とまではいかないが、議論の積み重ねができるようにも心がけた。そのため、若干、硬い表現になっている箇所があることはご了解いただきたい。

繰り返しになるが、本書は、あくまでも一つの考え方を述べたに過ぎない。これが正しいというつもりは毛頭ない。なにかのきっかけになれば幸いである。

平成二十九年十二月一日

田浦俊春

目　次

はじめに

第1章　イノベーションとデザイン……1

1　イノベーションにおけるデザインの役割　1

2　量的イノベーションと質的イノベーション　3

3　ニーズ先導型・シーズ先導型・プロダクト先導型　6

4　イノベーションの方向　8

第2章　イノベーションのためのデザインにおける創造的思考……19

1　デザインの創造性はどこにあるか　19

2　固執解放型――創造的思考の第一のタイプ　20

3　固執解放型のための創造力　21

4 シンセシス型——創造的思考の第二のタイプ 26
5 シンセシス型のための創造力 31
6 質的イノベーションに関与する創造的思考とは 33
第3章 シンセシスの方法論……37
1 モノの概念とモノの概念の組み合わせ 37
2 モノの概念と場との組み合わせ型 46
3 質的イノベーションに関与するシンセシスとは 50
第4章 イノベーションのためのデザインのプロセスモデル……55
1 直観から直感へ 56
2 アナリシスからシンセシスへ 63
3 設計解から仮説へ 66
4 プロダクトの目的や目標をデザインの外から内へ 70
5 構成的デザインと分析的デザインのプロセスモデル 71
補遺 77

第5章　構成的デザインのための思考力……………………………81
1　なぜ「構成的思考力」なのか　81
2　構成的思考力とは広い意味での抽象を操る能力である　85
3　構成的思考力はどうすれば身に付くか　88
4　抽象を操るとは何をすることなのか　89

第6章　設計思想から学ぶ──構成的思考力を獲得する方法（その1）…97
1　なぜ設計には思想が必要か　98
2　設計思想とは何か　104
3　設計思想はどこからくるのか　106
4　設計思想の課題　109
5　設計思想家の育成　112

第7章　デザインスクール──構成的思考力を獲得する方法（その2）…115
1　実践型デザイン教育の実情　115
2　デザインスクールの基本的方針　118

3　デザインスクールの手順　125
4　デザインスクールの結果　128

第8章　構成的デザインの諸相と課題……141
1　構成的デザインの諸相　142
2　構成的デザインの動機　150
3　構成的デザインの心構え　155
4　構成的デザインの課題　159
5　不測に立ちて無有に遊ぶ　161

おわりに　163
参考文献
索　引

凡例

本文中の［　］内の数字は巻末掲載の参考文献に記載されている番号と対応している。また注についは各章末に掲載されている。

第1章　イノベーションとデザイン

モノが飽和し、一方では技術がより高度化する現代においては、量的イノベーションから質的イノベーションへの転換が進むと考えられる。本章では、そのための方法について議論し、シーズ（科学技術）とニーズ（社会）の間を橋渡しするプロダクト先導型のデザインの重要性を指摘する。

1　イノベーションにおけるデザインの役割

今日まで、技術[注1]は人間を不幸な自然災害から守り、生活を便利で豊かなものにしてきたといえよう。とはいえ、技術がより高度化する現代においては、ものが充足する一方で、技術自体が人間の生命を脅かすというような事態も生じており、技術と人間社会との関係がより複雑になってきてい

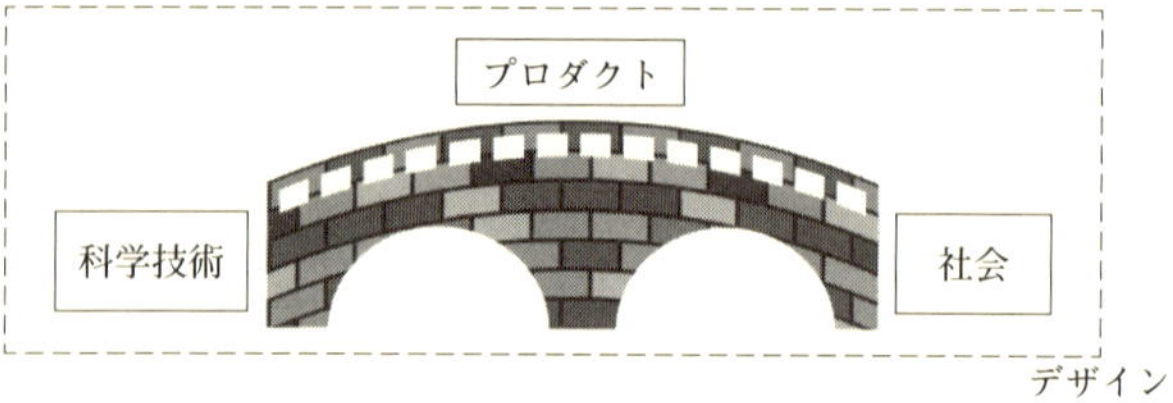

図1－1　イノベーションのためのデザインの構図

る。今後は、人間社会が技術とどのようにつきあっていけばよいかが真剣に問われるであろう。そのような課題へ取組むためには、ある種のデザイン力が必要であると考える。

　まず、本書で用いる「デザイン」という用語について確認する。最近では、いわゆる工業デザインや機械設計だけでなく、コーポレートデザインやキャリアデザインなど、「……デザイン」という表現を耳にすることが多い。本書では、科学技術が社会にもたらす先進的変化（イノベーション）に注目し、それをデザインの視点から議論する。科学技術はそのままでは社会で活用できず、プロダクト[注2]に実装されてはじめて利用可能になることが多い。このことから、本書では、「プロダクトを介して、科学技術と社会[注3]との間を橋渡しすること〔1〕」を「（イノベーションのための）デザイン」と定めることにする（図1－1）。なお、本書でいうところの「デザイン」は、英語の Design の邦訳のつもりであるが、日本語では、「デザイン」と記すと、どうしても、「色彩やカタチのデザイン」が想起される。実は、英語の Design の適切な訳語がないことが日本のイノベーションにとって致命的な問題となり得る。このことについては、第8章4節で改めて議論する。

2　量的イノベーションと質的イノベーション

今日まで、生活者は「利便性の向上」を求め、その要望に応えるべく、自動車、電気製品、コンピュータ、発電設備などのプロダクトが次々とつくられてきた。その結果、現在では、何とも便利な生活を営めるようになってきている。現実に、適切にコントロール可能な空調の効いた室内で、照度や色調の調整可能な照明のもとに、新鮮さの保たれた冷蔵食品を食し、至って多くのチャンネルの中から好みの番組が楽しめるようになっている。録画も簡単にできる。夜は快適に寝ることができる。掃除はロボットがし、洗濯機や乾燥機も機能が充実している。かたや、それらをつくる側（生産者）においては、高品質で高性能のプロダクトをより廉価に提供するべく「生産性の向上」が追求されてきた。そのために、より具体的で信頼性の高い生産知識が求められ、モジュール化、標準化、そして自動化が推進されてきた。その成果は目覚ましく、現代では、我々は生活にそれほど不自由さを感じなくなってきているといえよう。こうした「利便性の向上」と「生産性の向上」を指向するイノベーションを「量的イノベーション」とよぶことにしよう。

ひるがえって、新たな生活スタイルを生み出し新たな文化を創成するというような社会の質的な変化に資するイノベーションを「質的イノベーション」とよぶことにしよう。たとえば、携帯型音楽プレーヤによって、従来では室内でしか楽しめなかった音楽が、電車の車内でも楽しめるようになったようなことである。携帯型音楽プレーヤの普及は、音楽の楽しみ方、さらには、電車内での時間の過ごし方に変化をもたらした。そして、それらは、文化となり、新たな音楽のあり方にも影響を与えている。

たまに、技術の引き起こす物質中心社会の弊害が、文化芸術や狭い意味での（色彩やカタチの）デザインにより補われてきたという意見を聞くことがある。もしくは、量的イノベーションは技術によってもたらされ、質的イノベーションは、狭い意味での文化芸術やデザインによりもたらされるという意見がある。実際、最近の自動車の付加価値は、性能ではなくスタイルによって決まるといわれることがある。たしかに、そのような側面があるのは否めないが、本当に、それだけのことなのだろうか。前述の携帯型音楽プレーヤのように、技術が新たな文化芸術の誕生につながることもある。そこで、技術が人間の感性の世界を切り開く可能性のあること、そして、質的イノベーションには技術が重要な役割を担うことを次に述べることにしたい。

足がかりに、夜景について考えてみよう。我々は、夜景を美しいと思う。だが、夜景とは自然界に存在するものではない。技術が生み出した人工的な風景である。また、日本刀は、それの有する清く澄み切った神秘的な美しさのために、現代では芸術品として鑑賞され取引されている。ところが、日本刀は、加熱した鋼を槌で打って鍛錬し、焼き入れを行うなど独自の技術を極めることによってつくり上げられるものである。このように、技術がつくり出したものについて我々は心が響く。これはどういうことなのであろうか。夜景や日本刀から受ける心の響きは、富士山のような自然界の風景や満開の桜から受ける心の響きとは異なっているように思われる〔2〕。とすれば、これまでに感じたことのない心の響きが技術によって生じたということになる。このことは、これまで埋もれていた感性が技術によって呼び起こされた、ないし、感性の世界が新たに切り拓かれたということにならないだろうか。これまで、ブロンズの鋳造技術や建築技術の発達により、次々と新たなスタイルの彫刻や宗教建築がつくられ、それによって、文化芸術が発展してきたのはまぎれもない事実である。

また、新たなプロダクトが広く使われる理由を、前段での議論に求めることもできる。たとえば、スマートフォン等の画面で行われるピンチアウトやピンチインの操作（二本の指の間を広げたり狭めたりすることで行う画面操作）は、人間が自然界で行う操作ではないが、人間にとって極めて自然な操作である。そして、これらの操作は、技術の進歩により最近になってはじめて実現されたものである。このことは、スマートフォンとは、たんに利便性や操作の効率性をもたらしているだけでなく、人間のごく自然に感じる感性の幅を広げ、社会に新たな意味を提供しているということにならないだろうか。

右に述べた考察は、イノベーションの方向に示唆を与える。最新の科学技術を駆使することで、人間の有する感性や自然観の幅を広げる方向に質的イノベーションを目指せばよいということになる。

3　ニーズ先導型・シーズ先導型・プロダクト先導型

イノベーションのためのデザインでは、社会のもとめる革新的な[注4]プロダクトをいかにして継続的にデザインするかが問われている。本節では、そのためにはどこからデザインを始めるのがよいかという問いについて考えてみたい。これは、デザインの起こりをどこに置くべきか、言い換えると、何を契機にプロダクトをデザインすべきかを問うものである。図1－1に示したイノベーションのためのデザインの構図から、次の三つの方法が考えられる。

一つめは、社会に内在するニーズを起因とするものである。これは、はじめにユーザの声に耳を傾けようという姿勢であり、いわゆる「ニーズ先導型のデザイン」である。実際、プロダクトを社会に供給する際には、それに先立って、ニーズの調査やマーケッティングが行われることが多い。ことわざで「必要は発明の母」といわれるように、当然のことではある。さらに、最近では、ニーズそのものではなく、その背後にある社会の変化を予測したり洞察することが試みられている。たとえば、デザインする者がプロダクトの利用されるであろう地域やコミュニティに主体的に入り込み感情移入（empathize）するなかから、その潜在ニーズを発見するという方法が提案されている［3］。また、現状の延長線上からは推定できないような社会の将来的な姿を、非線形的に想定する方法（未来洞察）も提唱されている［4］。

二つめは、科学技術の発見や開発をデザインの糸口にするというものである。これは、いわゆる「シーズ先導型のデザイン」である。現に、新材料や情報技術については、基礎的な知見が得られると、それの適用可能なプロダクトを探索するようなことがよく行われる。たとえば、カーボンファイバーは、まず、素材の構造や製造方法が開発され、その後に利用範囲が次々と広がり、現在では航空機の筐体に用いられるまでに至っている。しばしば、イノベーションという用語は、この意味（技術革新）に用いられる。

三つめは、ニーズとシーズを橋渡しすることを重視し、そのためのプロダクトを構想することから始めるというものである。本書ではこれを「プロダクト先導型のデザイン」ということにする。つまり、はじめに、既知の科学技術を参照しながら、科学技術と社会の間をつなぐための新たなプロダクトのコンセプトを構想し、次に、それに先導されるようにそのプロダクトを実現するのに必要な技術開発を追加で行ったり、ニーズの発掘をしようというものである。第2章で後述するように、社会的に大きなインパクトを与えた革新的なプロダクトの多くは、こうして世の中に現れたと考えられる。なお、この方法の真意は、決して、シーズやニーズを無視するということではない。あくまでも、順序として、プロダクトのコンセプトを構想することから出発することにある。

これらの三つの方法は、決して排中律的ではなく、並存するものである。シーズやニーズはデザインにおいて必須であり、実際の革新的なデザインでは、三つの方法は融合されている。そうではあるが、本書では、あえて、それらの方法への重心の置き方に目を留める。というのは、より革新度の高いプロダクトを得るためには，はじめにニーズ（社会）に重心をおくのか，シーズ（科学技術）に重心をおくのか，もしくはそれらを橋渡しすることに重心を置くのかを議論する必要があるからである。一つめの方法であるニーズの把握から始めると，社会に有用なプロダクトはデザインされるが，科学技術からは遠い位置にあるため，最新の科学技術の組み込まれたプロダクトは得にくい可能性がある。たとえば，前述のピンチアウトやピンチインの仕組みは，一般のユーザから要求されることはなかったであろう。なぜならば，このような仕組みが技術的に可能であるとは，一般ユーザは知る由もなかったように思えるからである。一方で二つめの方法であるシーズから始めると，社会との距離が遠いためにニーズに合ったプロダクトに結びつかない可能性がある。このようにみてみると，革新的なプロダクトをデザインするためには，三つめの方法が中心になると考えられる。

4　イノベーションの方向

◆イノベーションの分類

2節において，イノベーションが，量的イノベーションと質的イノベーションに区分されることを述べた。続いて，3節では，イノベーションのためのデザインの起因について議論し，ニーズ先導型，シーズ先導型，プロダクト先導型に区分されることを示した。となると，次にイノベーションの全体像をとらえるために、これらの二つの区分を軸とする二次元マップを作成してみようという考えが思い浮かぶ。もちろん、それぞれのイノベーションは、量的および質的の双方の側面を合わせもち、なんらかのニーズをみたし、あるシーズをもとに展開されている。たとえば、新幹線は、大量輸送という量的な効用が強調されることが多いが、同時に、出張・旅行や地域の在り方を変えるという質的な側面も有する。また、速く移動したいという社会のニーズを満たすと同時に、最新の制御技術により実現されている。それゆえ、一意に定まるものではないが、イノベーションの全体像をとらえるために、あえて、それぞれのイノベーションを二次元平面上にプロットしてみることにした。事例には、イノベーション百選[5]を用いた。イノベーション百選とは、発明協会が、戦後日本の産業経済の発展に大きく寄与したイノベーションを選定したものである。一般ならびに有識者へのアンケートの結果を参考に選考委員会（委員長：野中郁次郎）の審議を経て、最終的に二〇一六年六月に一〇五件が選定された。その一〇五の事例について、それが、どちらかといえば、量的イノベーションないし質的イノベーションのいずれの影響をより強く社会に与えたか、および、その起因がニーズにあるのか、シーズにあるのか、ないしプロダクトの先導的構想のいずれにあるのか、についてその大凡の程度を含めて判定することにした。具体的には、筆者を含む二名の研究者が、各自であらかじめ準備した判定案をもちより、合議のうえ、最終的に判定した[6]。その結果を図1－2に示す。

この図においては、どちらかといえば質的イノベーションと判定されたものが右側に配置され、

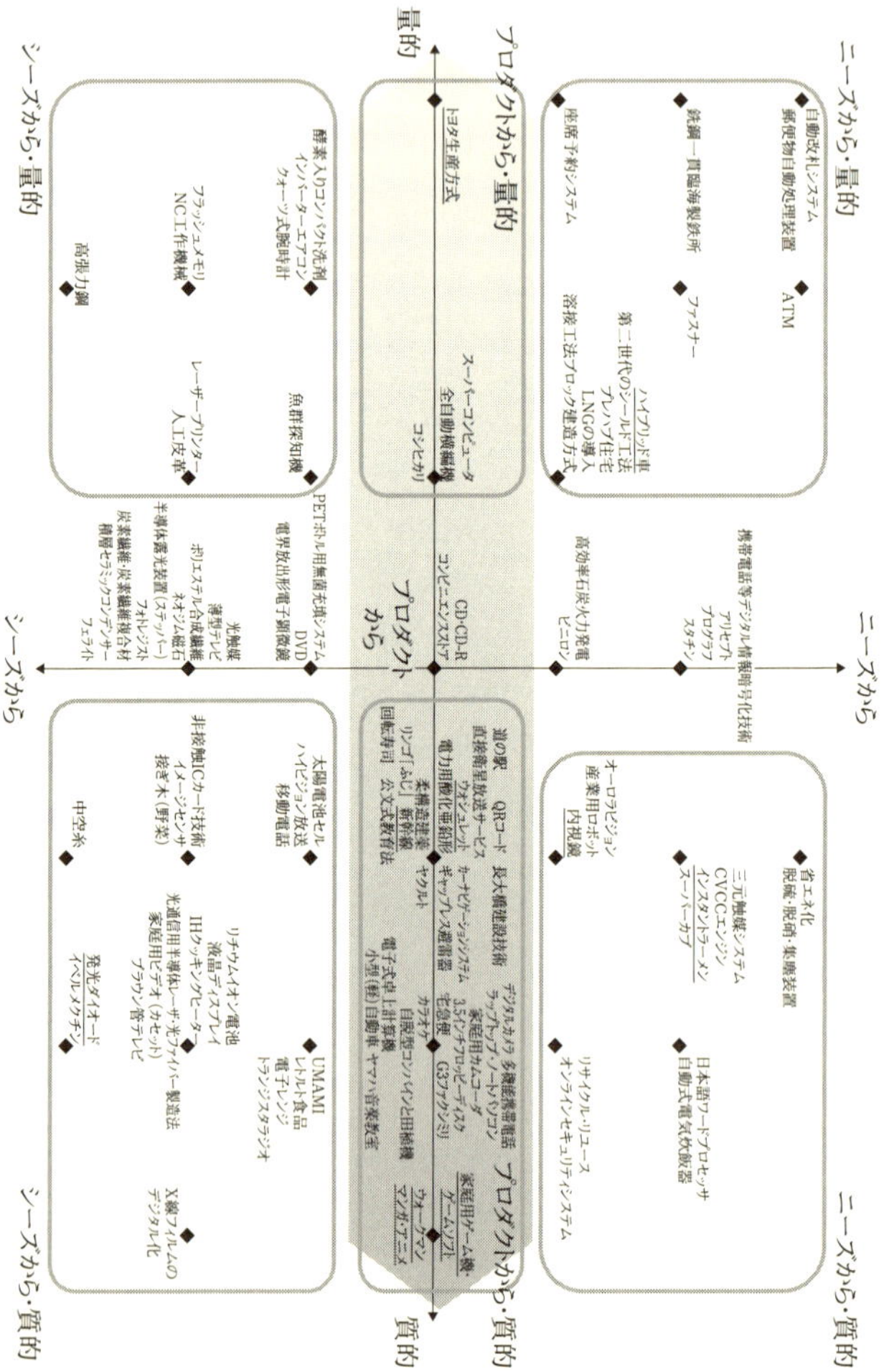

図1－2　イノベーションのマップ（下線付きは，アンケートの上位10を示す）

どちらかといえば量的イノベーションと判定されたものが左側に配置されている。また、どちらかといえばニーズ先導型のデザインによるイノベーションと考えられるものが上部に配置され、どちらかといえばシーズ先導型のデザインによるイノベーションと考えられるものが下部に配置されている。中央横軸（x軸）近辺には、プロダクト先導型のデザインによるイノベーションと判定されたものが配置されている。たとえば、右上に日本語ワードプロセッサがプロットされているのは、日本語ワードプロセッサが社会に内在するニーズを起因に開発され、それが普及した結果、文書の作成の仕方や保管の仕方などが変わったために社会に質的な変化が生じたということである。同様に、右下に家庭用ビデオがプロットされているのは、その時代に業務用に蓄積されていた技術を家庭用に応用したいという意図のもとに家庭用ビデオが開発され、その結果、録画しておけば自由な時間にテレビ番組をみられるというような質的な変化が社会に生じたということである。右の中央にウォークマンが配置されているのは、まず、携帯型の音楽プレーヤというプロダクトが構想され、次に、その実現のために必要な技術開発が行われ、それが実現された結果、それまでは室内に限られていた音楽の鑑賞が電車のなかなどの屋外でもできるようになるというような質的な変化が社会に起きたということである。かたや、左側には量的なイノベーションと判定されたものが配置されている。左上に郵便物自動処理装置がプロットされているのは、それが郵便物の仕分け作業等を自動化したいというニーズのもとに開発され、郵便物の処置が合理化されるという量的な変化が生じたということである。同様に、左下にNC工作機械がプロットされているのは、当時急速に発達していた電子計算機を工作機械の制御に応用するとの狙いのもとにNC工作機械が開発され、機械を加工する効率が飛躍的に向上したということである。左の中央にトヨタ生産方式がプロットされているのは、ある種の先行技術があったとか、ニーズが明確であったというよりは、トヨタ生産方式（本書では、これもプロダクトと考える）のような仕組みについて、まず、そのアイデアが構想され、つぎに、その実現のために必要な技術の開発が行われ、それが実現された結果、生産効率が向上したということである。

このように実際のイノベーションをマッピングしてみると、図右の中央部に数多く集まっていることが分かる。この領域は、「プロダクト先導型のデザインによる質的イノベーション」である。このことは、質的イノベーションにはプロダクト先導型のデザインが重要な役割を担うことを示している。具体的には、先にあげたウォークマンの他に、デジタルカメラ、ウォシュレット、新幹線、家庭用カムコーダ、3.5インチフロッピーディスク、多機能携帯電話などが挙げられている。このようなプロダクトは、特定の要素的な科学技術が応用されて実現されたものでもなく、かといって、特定のニーズを満たすようにつくられたものでもない。これらのプロダクトはいくつかの要素的な科学技術を組み合わせてつくられたものであり、また、当時の一般市民が想定できるようなものではない。

ところで、図1－2において質的イノベーションに分類された事例については、それを普及させるための量的イノベーションも同時に生じていたように思える。このことは、質的なイノベーションは量的なイノベーションを伴うということである。だが、その逆は成立しない。なぜならば、量的なイノベーションを追求しても、必ずしも質的なイノベーションは起きないからである。そこで、以降の議論では、イノベーションにおいては、いずれにしても、量的な側面は不可欠であるとし、その上で、質的な側面も具えるためにはどうしたらよいかを検討することにしたい。

議論をもどそう。前述のように、今日、我々は生活にそれほど不自由さを感じなくなってきている。一方で、最近では、経済成長が鈍化しており、とくに、プロダクトが売れないといわれているのではないだろうか。その原因についてはいろいろと指摘されているが、一言でいえば、買いたいものがないということではないだろうか。何とも、二〇一六年度末において国民全体の金融資産残高は一八〇〇兆円を超えているという[7]。その理由としては、将来への不安から貯蓄していることもあろうが、そもそも、魅力的なプロダクトがないことに原因があるのではないだろうか。しかるに、その魅力として、今や、利便性はあまり訴求効果がないように思える。また、価格も安いにこしたことはないが、安ければ買うのかといえばそうでもない。その実、生産量が同じで価格が下がるということは、GDPが下がることになる。つまり、国内の消費は飽和しつつあり、かつ、海外にも展開できない状況において生産性を上げることは、まさに、自分の首を絞めるようなことをしていることになる。もはや、生産性の向上は、海外との競争力を保つための、ないし、国内の労働力不足を補うための、いわゆる窮余の策として行うべきであろう。もしくは、質的イノベーションを加速させるために推進されるべきであろう。

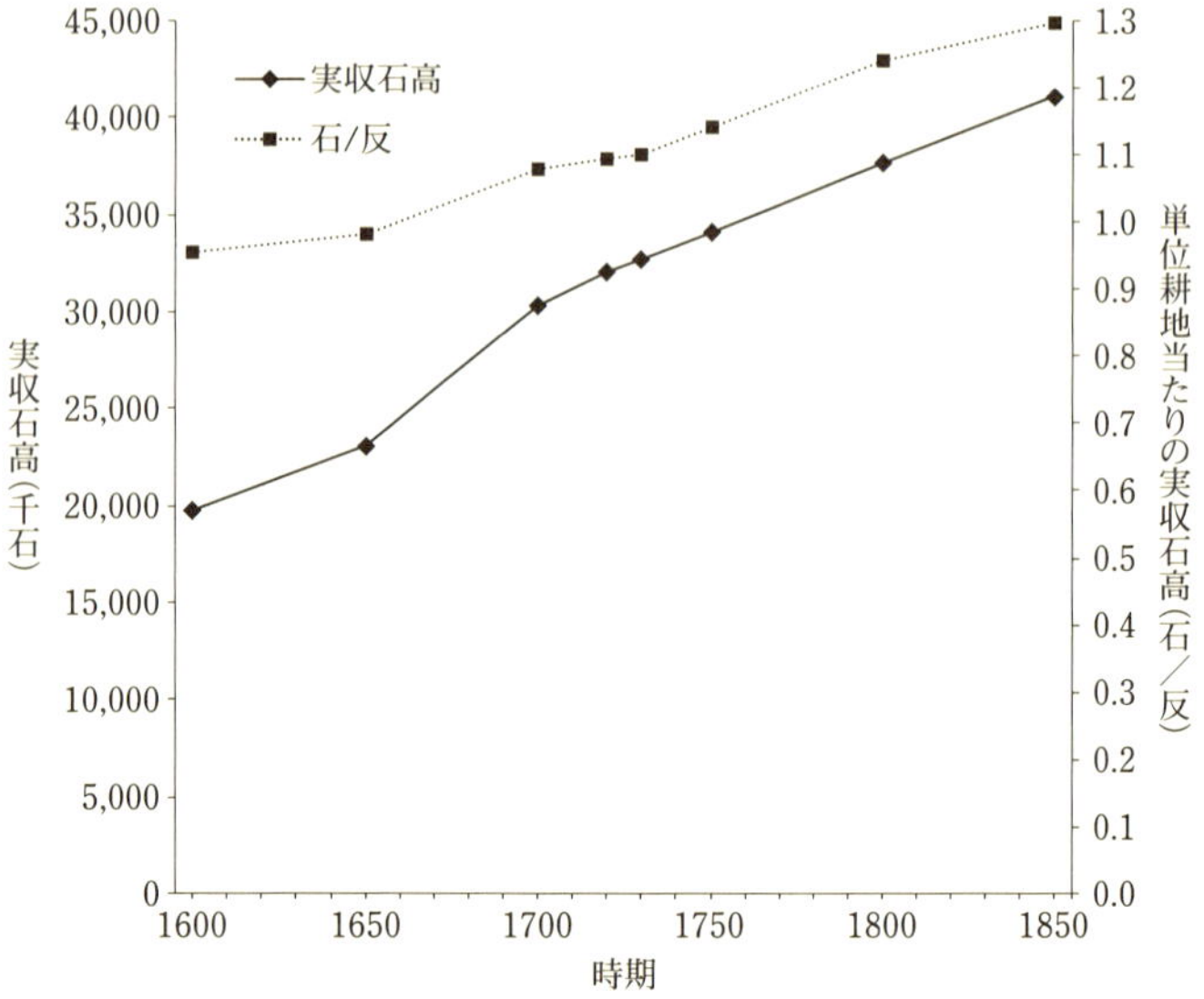

図1－3　江戸時代における米の生産性の推移［9］

◆江戸時代にもあった量的イノベーションから質的イノベーションへの転換

江戸時代にも量的イノベーションから質的イノベーションへの転換があったと考えられる。当時、米は勤勉革命といわれる生産革命によりその生産性が向上し（図1－3）、その結果生じた余剰時間を大衆文化や旅行に使うようになったといわれている［8］。

そして、その大衆文化や旅行については、ボトムアップ的に普及が進んだというより、多くは、その仕組み（本書ではこれもプロダクトと考える）がシステムとしてデザインされたと考えられる。

ときに、江戸時代には、お伊勢参りが盛んであった。実に、年間六〇万人が参ったとされている。何とも、一八三〇年には、三月から八月の間に、四六〇万人が参ったようである（当時の人口は、約三千万人であったと推定されている［9］）。しかるに、個人で行くには負担が大きいため、伊勢講とよばれるグループを組織し、その講員が積み立てたお金で、講員の代表者が伊勢参りに行くということが行われた。伊勢参りに必要な費用は、およそ五両だったそうである。当時は、贅沢をしなければ、三両あれば男性ひとりが一年生活できたようなので、伊勢参りには、二年分の生活費がかかったことになる。ここで注目したいのは、「御師」とよばれる伊勢神宮の神官の役割である。御師は、全国に散り、伊勢暦やお札を配り、地道な宗教活動をするとともに、伊勢参りの世話をした。伊勢では、御師の宿泊所に宿泊させ、豪華料理を振る舞った。まさに、いまでいうところの旅行会社である。

浮世絵は、版元が企画・編集し、絵師、彫師、摺師の分業で作られた。東海道五十三次に代表されるように、多くの企画ものが出版された。

歌舞伎も流行ったが、興行（商業演劇）として演じられた点が特筆される。舞台や楽屋の構造も工夫されるようになり、役者の人気が位付けされるようになった。また、浮世絵の題材ともなり、大衆文化の柱となった。

その他、花火や花見も大衆に楽しまれたが、今でも桜の名所である飛鳥山や隅田堤は徳川吉宗が植えさせたとされている（以上、伊勢講、浮世絵、歌舞伎、花火、花見に関する記述は、文献［10］からの引用である）。

こうした状況を本書の文脈に重ねてみると、江戸時代に繁栄をもたらしたとされる大衆文化の多くは、広い意味での「プロダクト先導型のデザインによる質的イノベーション」といえないだろうか。そして、それらはシステムとして開発され、普及が図られたと考えられる。[注5]

今後は、量的イノベーションから質的イノベーションへの転換が進むであろう。そうした転換に際しては、江戸時代を先例とすることができる。であるからといって、単純に江戸時代を模倣すれば良いということではない。江戸時代と現代では、決定的に異なる点が二つある。

まず、グローバル化の程度が極端に異なる。そのうえ、モノや情報の流通の速度が違う。まさしく、江戸時代には鎖国をしていた。たとえば、江戸時代は米の生産が経済の中心であったが、海外と競争する必要はなかった。もっとも当時（明治初期）の米の生産性はアジア諸国と比較しても高い水準にあったようではある[11]。やはり、現代では、質的イノベーションだけを求めることはあり得ず、量的イノベーションを推進することを前提とし、その上で質的イノベーションを目指すことになろう。

つぎに、江戸時代と現代では、科学技術と社会の間の距離が決定的に違う。江戸時代は、いわゆる産業革命以降とは異なり、エネルギーを多用しない社会であった。一方で、「万年時計」や「弓射り童子」など、優れた科学技術を有していたといわれている[12]。それらの機構は「見える」ので、それを見た人間は、「すごい」と驚嘆したではあろうが、「不気味さ」は感じなかったであろう。さらにいえば、たとえ産業革命時代においてさえ、当時では、科学技術と社会との距離はさほど遠くなかったように思える。このことは、クロード・モネが、蒸気機関車を描いている（「サン・ラザール駅」）ことからも読み取れる。モネは印象派を代表する画家であり、そのモネが蒸気機関車を描いたということは、蒸気機関車がごく自然に社会に受け止められていたということではないだろうか。ところが、現代では、原子力、情報、遺伝子のように、科学技術が社会から見えにくくなってきている。そのため、科学技術と社会を橋渡しすることが難しくなってきている。たんに、特定の要素的な技術の応用先をみつけるような姿勢では科学技術と社会の間の橋渡しはできない。また、科学技術が見えにくいのであるから、それの活用可能な潜在ニーズは、社会に聞いても答えは得られないだろう。

今後は、質的イノベーションの時代に向けて、近年にますます高度化しつつある科学技術と社会を橋渡しするために、「（質的イノベーションに資する）プロダクト先導型のデザイン」を従来にも増して強力に推進する必要があろう。そのためには、なんらかの能力が必要とされ、それはある種のデザイン力であると考える。本書では、以降の章において、その姿に迫ることにしたい。

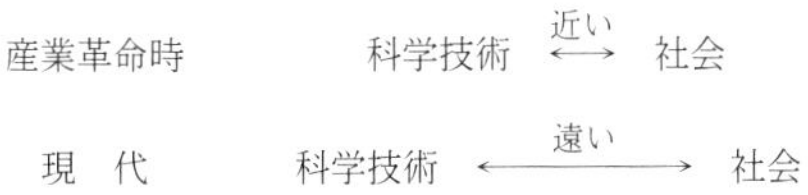

図1－4　遠くなってきている科学技術と社会の距離

注

1　本書では、厳密ではないが、「科学技術」と「技術」を次のように使い分けている。物理現象の理解や活用に関する基礎知識を指して「科学技術」という用語を用い、加えて、いわゆる設計（デザイン）技術や生産技術を含めて「技術」ということにする。

2　本書では、工業製品、プラント、建築物などのカタチのあるものに加えて、サービスや情報などのカタチのないものも含めて、デザインの成果物を総称して「プロダクト」とよぶ。

3　本書では、社会という用語は、プロダクトが利用される世界の意味に用いる。

4　本書では、「革新的」と「斬新な」の二つの用語を次のように使い分けている。前者は、現状の延長線上にないという意味に用いる。「未知のプロダクト」と記すこともある。対して、後者は、単に新規性および有用性が高い場合に用いる。

5　整備された道路網、印刷技術、現代でいうところのシステム化技術などの広い意味での科学技術が関与したという意味である。

第2章　イノベーションのための デザインにおける創造的思考

前章において、高度化した科学技術と社会を橋渡しするためには、なんらかの能力が必要とされ、それはある種のデザイン力であると述べた。本章では、そのデザイン力について、「創造性」[注1]の観点から議論する。はじめに、創造的思考が固執解放型とシンセシス型の二つのタイプに分類されることを示す。そして、質的イノベーションには、シンセシス型の方がより強く寄与することを述べる。

1　デザインの創造性はどこにあるか[注2]

デザインの創造性は、デザインの成果物（プロダクト）とデザインのプロセスの双方で議論される。[注3]一般的には、プロダクトで評価されることが多い。前章で紹介したイノベーション百選がその良い例である。実際に社会に変化を与えるのはプロダクトであるから、プロダクトをみてそのデザインが創造的であったか否かを判断するのは、ごく当然のことである。実際、デザインに関する賞の選考では、プロダクトが評価される。

かたや、そのような優れたプロダクトを生み出すのは人間である。そのデザインに携わった人間が優れていたから、優れたプロダクトが生み出されたのである。これも当然のことである。今日まで、どのようにすれば創造的なプロダクトを導くことができるか、その方法が数多く議論されてきている。本書では、過去に「デザインと創造性」に関して筆者らが行った議論を踏まえて[2、3]、科学技術と社会を橋渡しするという視点から改めて検討する。筆者は、優れたプロダクトを生み出すための創造的思考（プロセス）には、大きく二つのタイプがあると考える。

2　固執解放型――創造的思考の第一のタイプ

第一のタイプは、いわゆる常識（先入観）を覆すような発想を得るという創造的思考である。このタイプの創造性は、九点問題におけるそれに近い。九点問題とは、正方形に並べられた九点を一筆書きの四本の直線で結ぶという問題である（図2－1）。そのポイントは、九つの点の作る正方形の外側まで線を延長してもよいことに気がつくか否かである。この種の問題では、先入観からい

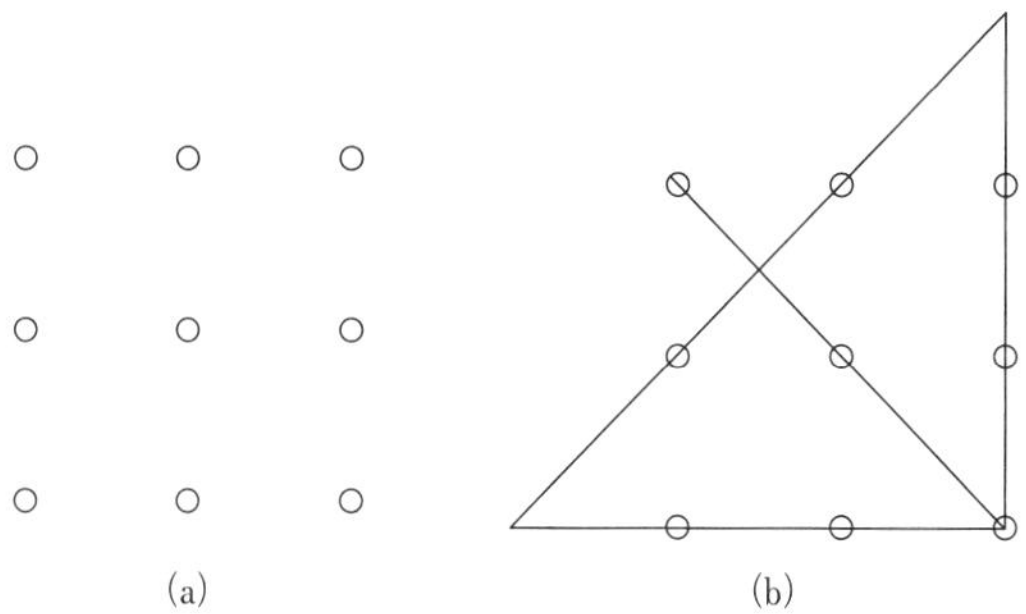

図２－１　９点問題：問題（a）と正解の例（b）

かに解放されるかが創造性のポイントであるとされ、fixation（固執）の問題として議論されている。デザイン研究においても fixation は注目されている。たとえば、デザインの事例を事前に被験者に見せるとデザイン成果物にどのような影響が生じるかを実験的に調べた研究がある［4］。また、このタイプの創造性は、実際のプロダクトのなかにも多く認められる。その代表例として、ホンダジェットを挙げることができよう。ホンダジェットは、ビジネスジェット機においてエンジンを翼の上に配置するという従来の常識を覆すような構造を採用した（図２－２）［5］。本書では、このような fixation からの解放を起こりとする創造的思考を「固執解放型」とよぶことにする。

3　固執解放型のための創造力

固執解放型に寄与する創造力とはどのようなものであり、どのようにすれば獲得できるのであろうか。これについて、ワイスバーグの意見［7］が興味深いので紹介したい。

(a)

(b)

図２−２　ビジネスジェット機の構造：通常の構造（a）とホンダジェットの構造（b）[6]

そこでは、次に示す問題について議論されている。

〈チャーリー問題〉

ダンはある夜、いつものように仕事を終えて帰宅しました。ドアを開け、リビングに入ると、床にチャーリーが死んでいるのを見つけました。床には水と、ガラスのかけらが少しありました。トムも部屋にいました。ダンはこの光景をちらっと見ただけで、事の次第が分かりました。チャーリーはどのように死んだのでしょうか。

＊イエス・ノーを繰り返すことによって、チャーリーがどのように死んだのかをあてる。

〈ろうそく問題〉

ろうそくと画鋲一箱とが与えられたとして、本を読むための明かりを得るために、木のドアにろうそくを固定する方法を考えよ。

チャーリー問題の一つの解は、「ダンのペットの金魚チャーリーがガラスの金魚鉢で泳いでいたのを、ダンのペットの猫トムがぶつかって床に落とし、金魚鉢が割れ、チャーリーが酸欠で死んだ」である。

また、ろうそく問題の一つの解は、「画鋲の箱を空にしてドアに画鋲でとめ、ろうそく立てとしてそれをつかう」である。

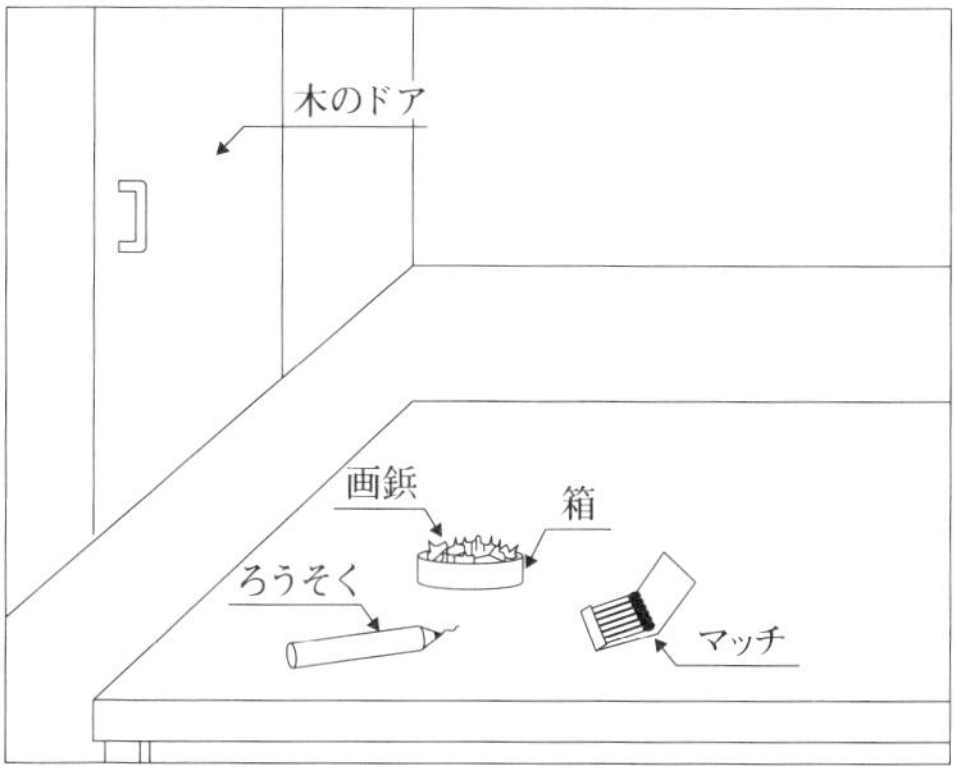

図2−3　ろうそく問題［8］

チャーリー問題では、はじめは、ほとんどの人がチャーリーとトムは人間であって、水の入っていたコップが割れたのだと考える。

ろうそく問題では、はじめは、ほとんどの人がろうそくを画鋲でドアにとめたり、溶けたろうでドアにくっつけようと考える。

これらの問題では、いかにして先入観から解放されるかがポイントであり、固執解放型の創造性を問う問題である。

ワイスバーグは、このような先入観からの解放は唐突に起こるのではなく、その問題に取り組んでいる最中に得た情報により、逐次的に思考の方向が修正され、解に到達すると述べている［7］。筆者も、これまでに、講義のなかで幾度となくチャーリー問題を学生に解かせた経験より、同じように感じている。そこでは、一人ずつ一つの質問をさせ、それに対して、筆者がイエス・ノーで答えた。その結果、多くの場合、十人目くらいで解に到達した。問いと回答を十回くらい繰り返すと、ひょっとしてと思うのか「チャーリーは人間ですか」と聞いてくる。そこで、「ノー」と答えると、一気に解にたどり着くのである。

事実として、ホンダジェットは、機内のスペースをより広くとりたいという目的のもとに開発責任者（藤野道格）が思案をくり返し重ねるなかで、エンジンを翼の上に配置するという構想を得たといわれている。その様子は、次のように紹介されている［5］。「自宅で床についた藤野の頭に、それまで悶々と思い描いていた新型ビジネスジェット機の姿がパッと浮かんだ。なぜか分からないが、妙にハッキリと飛行機の形が見えてくる。急いで部屋の電気を点けたが、寝室なので手元にノートがない。取りに行く間に頭に浮かぶ飛行機の姿が消えてしまうかもしれない。その時、目にとまったのが壁に貼ってあるカレンダーだった。後ろの頁から一枚ビリッと破ると、カレンダーの裏に無心で頭の中の飛行機を描きとめ始めた」。図2－4は、そのスケッチ絵である。

また、ろうそく問題に類する創造性は、アポロ十三号の事故における二酸化炭素の濾過装置にみることができる。一九七〇年四月十一日に月着陸を目指して三名の乗員を載せて発射されたアポロ十三号は、二日後、支援船の酸素タンクが爆発するという事故に見舞われた。三名の乗組員は、司令船に残された機能を温存するために着陸船に乗り移ったが、地球に帰還するためには四日かかる。しかるに、着陸船は、本来は二人の人間が二日間滞在するように設計されているためにいくつか問

図2-4　ホンダジェットのスケッチ絵［9］

題が発生した。その一つが、飛行士たちが船内に排出する二酸化炭素の除去用フィルターであった。フィルターの使用限度を超えるために、規格が全く異なる司令船内の予備のものをなんとか使用しようということになった。地上のスタッフは、懸命に検討するなかで、船内にあるチェックリストカードやプラスティック袋を転用してフィルターの筐体を製作するという方法を考え出し、急場をしのいだといわれている。また、本来は月への離着陸に使われる着陸船のエンジンが、地球へ帰還するための軌道修正に必要な噴射に使用された［10］。

それでは、固執解放型の創造的思考の起きる人と起きない人ではどこが違うのだろうか。ワイスバーグは、モチベーションの高さ、もしくは、問題意識の強さなどが集中力をもたらし、その結果、先入観からの解放が生じると主張する。筆者もこのワイスバーグの意見を支持する。実際、ホンダジェットにしろアポロ十三号にしろ、無我夢中で取り組むなかで、アイデアが生まれたと考えられる。よく、良いアイデアはリラックスした状況で思いつくといわれることがある。たしかに、思いついた瞬間にはリラックスしていたかもしれないが、それより以前には、問題を解決するための方法をがむしゃらに考えていたのではないだろうか。また、ワイスバーグは、先入観から解放されたときは、あたかも、「ひらめき」が唐突に現れたように思えるが、それは、そのひらめきが強く印象づけられるので唐突に思えるのであり、実際には、問題の特定の側面に対応する形で表れると述べている。筆者らも、創造的思考は、逐次的な連想にもとづくものであると考えている。これらについては、第8章で再度議論する。

4　シンセシス型――創造的思考の第二のタイプ

第二のタイプの創造的思考は、性質の異なるいくつかの要素的な知識や技術を結びつけることで革新的なプロダクトを創案するというものである。いみじくも、コロンビア大学ビジネススクールのダガンは、多くの偉大な科学的発見や革新的なプロダクトのアイデアはいくつかの既存の知識や技術を結びつけることにより得られたと述べている[11]。そして、その例として、コペルニクスやニュートンの業績は既知の知識を組み合わせて新しい手法や概念に発展させたものであり、マッキントッシュは当時ゼロックスが開発していたGUIを小型コンピュータに組み合わせて生まれたものであり、ビル・ゲイツが行ったのは、他者が発明したアルテア、8080チップ、BASIC、そしてPDP-8の四点を組み合わせたことであると指摘している[11]。また、ハーバード大学ビジネススクールのクリステンセンは、「イノベーションとは、一見、関係のなさそうな事柄を結びつけることである」と述べている[12]。アップルコンピュータの創始者であるスティーブ・ジョブズの「創造とは結びつけること」との発言もある[13]。本書では、性質の異なるいくつかの要素的な知識や技術を結びつけることで革新的なプロダクトを構想する創造的思考を「シンセシス型」とよぶことにする。シンセシスという用語は、楽器のシンセサイザと語源が同じであり、アナリシスの対義語である。アナリシスとは、「すでに世の中に存在しているものごとについて、それをいくつかの部分や性質の要素に分けることでそのものごとの有りようを明らかにすること」であり、シンセシスとは、「すでに存在しているさまざまなものごとを組み合わせて、まだ存在していない一つのものごとにまとめあげること[注4]」である。アナリシスとシンセシスについては、第4章2節で改めて議論する。

イノベーションにおいて、シンセシスによるデザインの例は枚挙にいとまがない。前述の例に加えて、いくつか示そう。

まず、新幹線五〇〇系を挙げることができる。新幹線五〇〇系の先頭車両の形状は、カワセミのクチバシの形状を参考にして設計されたといわれている[15]。

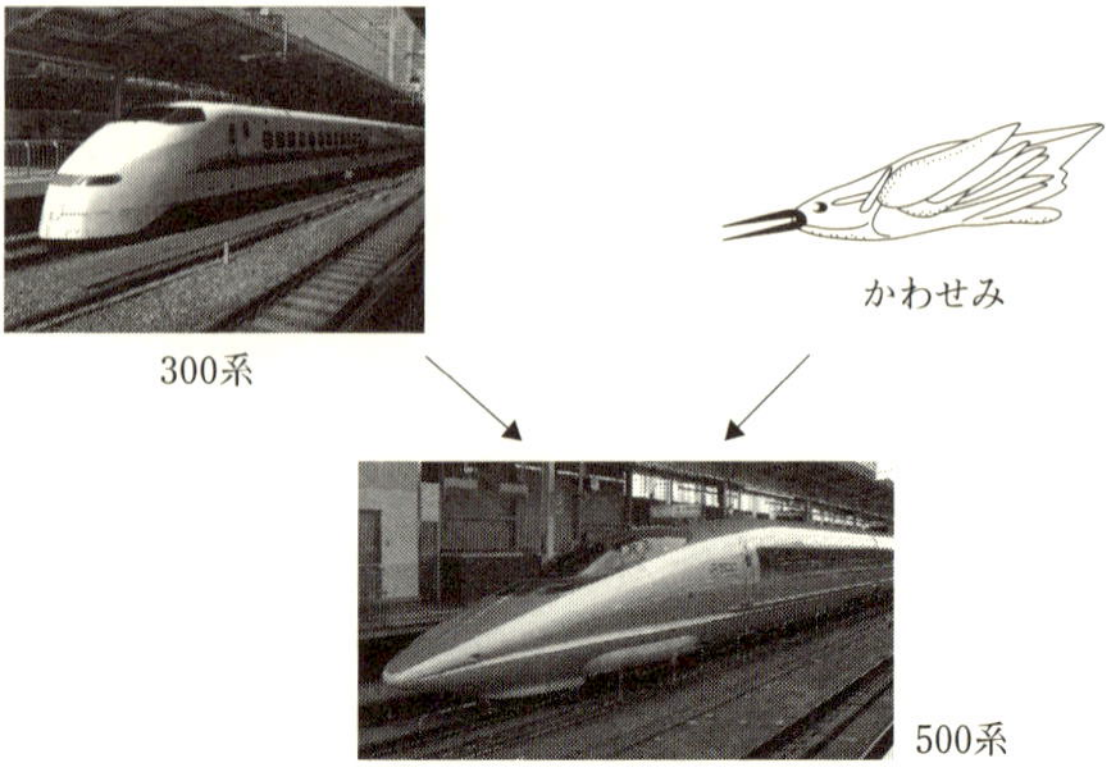

図2－5　カワセミを参考にして考案された新幹線500系の先頭車両［16］

　時速三〇〇キロを超える高速の新幹線五〇〇系の開発では、列車がトンネルを通過する際に発生する圧力波が大きな課題であった。トンネルに高速列車が突入すると、空気の圧力波（圧縮波）が立ちあがり、音速で列車の進行方向へ成長しながら進む。この圧力波はトンネル出口で一部を放出して今度は反対方向に膨張波となって戻って行く。そしてトンネル出口で一部放出された圧力波は二十ヘルツ程度の低周波で大きな音とともに遠くへ空気振動をもたらす。そのために、それまでに新幹線車両が採用していた流線型と異なる新しい形状を考案する必要があった。開発を進めるにあたり、担当者（仲津英治）は、日常小魚を捕食するために抵抗の少ない空気中から、大きな抵抗を有する水中にダイヴィングするカワセミの嘴から頭部に掛けての形状が参考になるのではないかと思ったそうである。

　つぎに、折刃式カッターナイフを挙げることができよう。折刃式カッターナイフのアイデアは、板チョコ

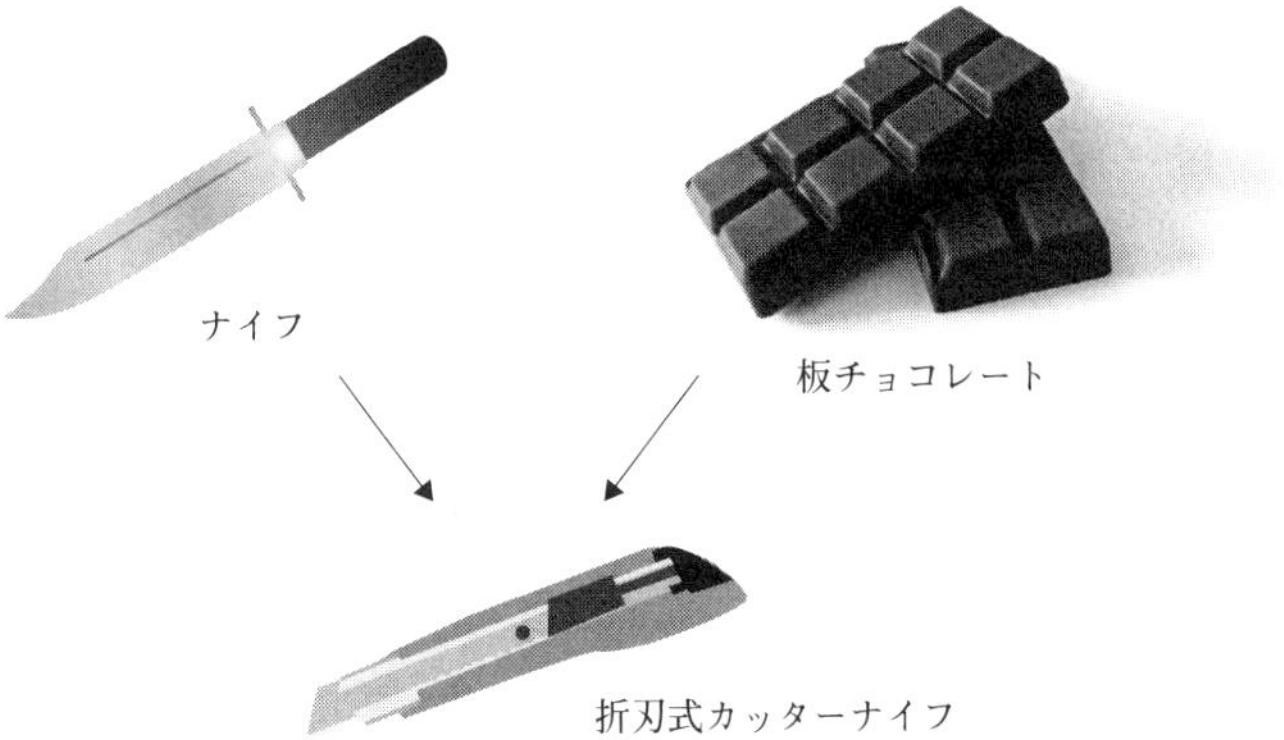

図2－6　板チョコレートを参考に考案された折刃式カッターナイフ

レートを参考に発案されたと報告されている[17]。開発担当者が切れ味のよい状態が長く続くナイフを開発しようと思考を重ねていくうちに、摩耗した刃先を折って切りとることで鋭利な刃先を継続的に確保するというアイデアが浮かんだといわれている。

また、ロボット掃除機もシンセシスの例といえよう。ロボット掃除機は、ロボットの有するセンサー機能や自律走行機能を備え、回転するブラシで塵やゴミを吸引し収集するものである。ロボット掃除機は、たんに、掃除の省力化を実現したに留まらず、ロボットが掃除しやすいように部屋内の家具やモノを配置するなど、生活スタイルのあり方にも影響を与えている。最近では、ペットのような存在になることもあるといわれている。

さらに、いくつかの食べ物を思いつくであろう。あんパンや苺大福などは、見て明らかなように、いくつかの食材の組み合わせである。

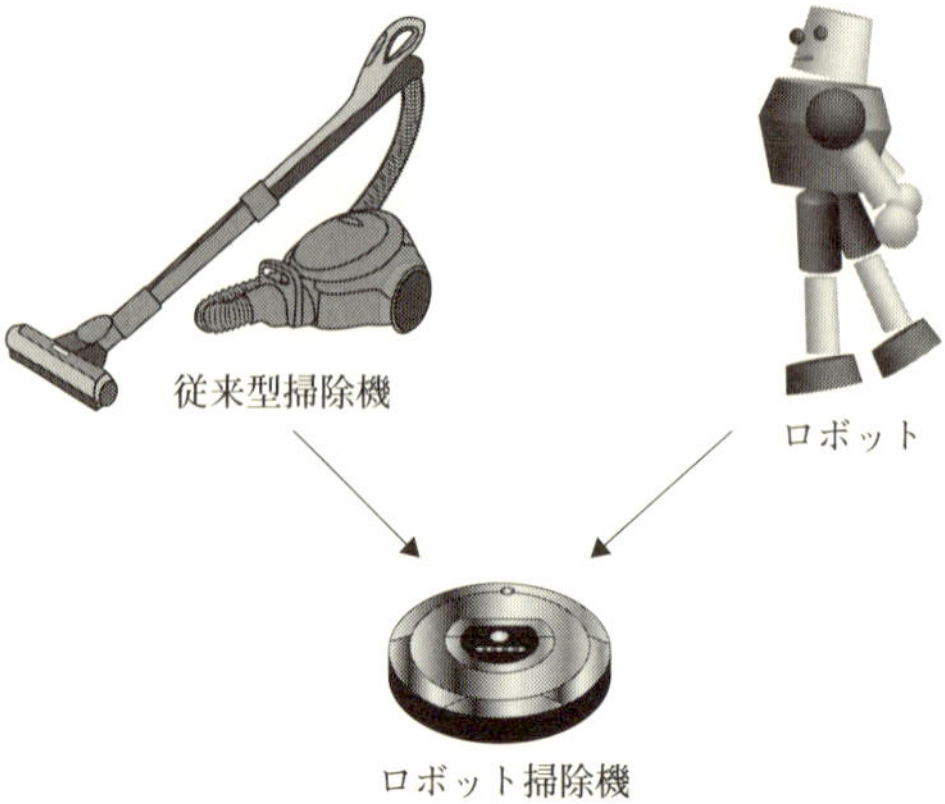

図２－７　ロボットの機能を備えた掃除機

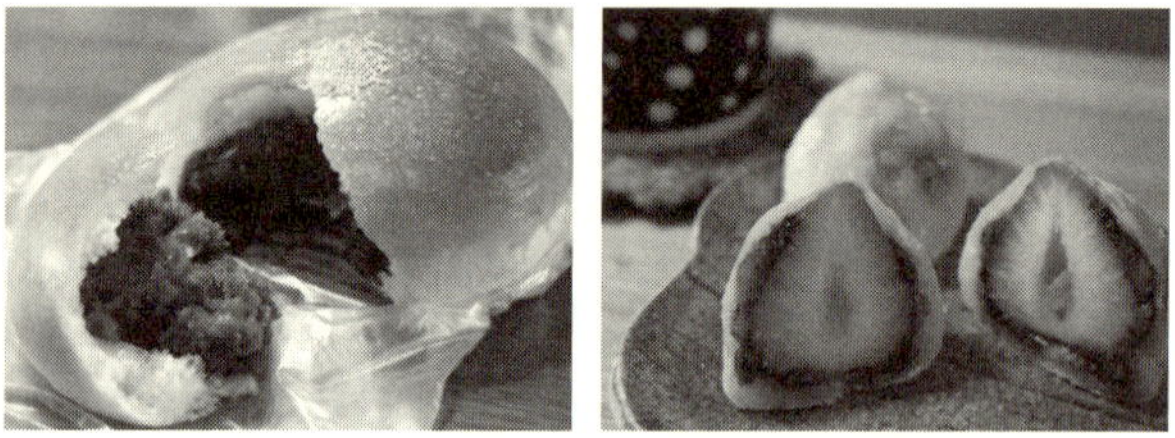

図２－８　食べ物におけるシンセシスの例

5　シンセシス型のための創造力

シンセシス型に寄与する創造力とはどのようなものであり、どのようにすれば獲得できるのであろうか。まさしく、これが本書の主題である。シンセシス型の創造的思考は、fixation からの解放を起こりとする第一のタイプの創造的思考と全く無関係ということはないが（それまでの「結びつき」が先入感に縛られている場合がある。たとえば、あんパンや苺大福などは、それまでの先入観を覆す組み合わせであるといえよう）、次に述べる二つの理由により異質のものと考える。

一つめの理由は、「問題解決」への関与の程度の違いに関するものである。まず、第一のタイプの創造的思考は、「問題解決」[注5]の局面でみられることが多い。なぜならば、問題の解決に有効な新たな視点の発見を促すからである。たとえば、前述のホンダジェットについていえば、従来の構造では機内のスペースが広くとれないという問題を熟考するなかから、エンジンを翼の上に配置するという常識を覆すような構造が創案された。かたや、シンセシス型の創造的思考は、概して、問題や目標が与えられなくとも行われる。現に、ゲイツやジョブズは、ある特定の問題を解決するために開発を行ったのではない。ただし、この点については、簡単に言い切れない。若干込み入った議論であり、詳細については第3章で述べるが、ここでは簡単に説明しよう。一言でいえば、シンセシス型には、複数の種類[注6]があり、その一つの種類において、問題解決に関与することがあるということである。それは、ロボット掃除機や新幹線五〇〇系や折刃式カッターナイフを例とする種類[注7]である。この種類のシンセシスは、なにかを参考にする。何かを参考にすることで、新しいプロダクトのアイデアを生み出すことができるが、加えて、その中の一部のケースでは、第一のタイプの創造的思考と同様に、問題を解決することがある。実際、新幹線五〇〇系や折刃式カッターナイフは、圧力波や刃の寿命の問題を解決した。他方で、もう一つのシンセシスの種類[注8]として、性質の異なる要素的な知識や技術を組み合わせるというダガンが指摘しているようなものがある。この種類のシンセシスは、ある特定の問題を解決するのではない。性質の異なるいくつかの要素を関連づけて出来上がったものは、どれかの要素をたんに改良したものではない。全体として新しいプロダクトがつくられている。本書では、シンセシスという用語は、前者および後者の種類を含む広い意味に用いるが、後者を指して用いることもある。後者を明示的に特定する場合には、「本来の」という修飾語を付加することにしている。それは、新幹線五〇〇系や折刃式カッターナイフのような例は、限りなく、その内容がアナリシスに近いからである。さらに、筆者は、後者を意図して「構成的」[注9]という表現を使用している[14]。これらのことについては、第3章および第4章で詳しく述べる。

二つめの理由は、創造的思考の内容の違いに関するものである。性質の異なるいくつかの要素的な知識や技術を関連づけるという第二のタイプの創造的思考は、（第4章で後述するように）自由連想的で「動的」な様相を呈するのに対して、fixationからの解放に主眼を置く第一のタイプの創造性は、問題解決などに必要な「静的」な視点の設定の仕方に関するものと考えられる。

しからば、シンセシス型の創造力はどこからくるのであろうか。結びつける相手の要素はどのようにして思いつくのであろうか。たとえば、カワセミや板チョコレートはどのようにして思いついたのだろうか。ジョブズはどうしていろいろな組み合わせを思いついたのだろうか。筆者は、新幹線五〇〇系や折刃式カッターナイフでは、ホンダジェットと同様に、「問題意識」が重要な役割を演じたと考える。圧力波や寿命の問題を深く考える中で、カワセミや板チョコレートを思いついたのであろう。一方で、（本来の）シンセシスについては、ダガンが、「直感（直観）」[注10]の役割を主張している。その考えを参考に、第4章1節において、シンセシスの源について言及する。

6　質的イノベーションに関与する創造的思考とは

筆者は、質的イノベーションにつながる創造的思考とは、どちらかといえば、シンセシス型（なかでも（本来の）シンセシス）ではないかと考えている（このことについては、第3章3節で改めて議論する）。と考えるのは、質的イノベーションの時代に向けて強力に推進すべきであると前章で述べた「（質的イノベーションに資する）プロダクト先導型のデザイン」については、前章で示したように、その事例の多くが、性質の異なるいくつかの要素的な知識や技術を組み合わせたものであるからである。一方で、量的イノベーションの求める「利便性の向上」や「生産性の向上」を達成するために一般的に行われるのは、現状の問題点をアナリシス（分析）し、それを解決することである。その問題解決につながる新しい視点を発見するために、第一のタイプの固執解放型の創造的思考が寄与することがある。いかにも、ホンダジェットは、素晴らしいアイデアでありインパクトも大きいが、その目的および効果が室内のスペースを広く確保するという問題の解決に限定されるので、(プロダクト先導型のデザインではあるものの)量的なイノベーションとみなすべきであろう。

次章以降では、シンセシスをキーワードに質的イノベーションのための思考力の姿に迫ることにする。

注

1　デザインと創造性については、International Conference on Design Creativity において継続的に議論されている。

2　このような問いかけは、デザインと創造性の研究分野における世界的権威であるジョン・ジェロが行っている［1］。

3　プロダクトとプロセスに加えて、プロダクトの使用される場（状況）もデザインの創造性に関係していると考えられる。それについては、第3章で述べる。

4　これは、筆者らの解釈である［14］。

5　筆者は、「問題解決」という表現は、心的でない自然災害等の外的な状況を改善することに限定して用いている［14］。

6　ここでは二つの種類について述べるが、細かくは三種類に分類されると考えている。第三の種類は、注3で触れた「場」に関するものである。詳しくは、第3章で述べる。

7 「メタファ型」とよぶものである。第3章で詳しく述べる。

8 「ブレンディング型」とよぶものである。第3章で詳しく述べる。

9 「構成」の英訳は、synthesis である。

10 本書では、第4章で述べるように、「直観」と「直感」を使い分けている。ダガンの主張する「戦略的直観」は、本書のいう「直感」に近いと考えてこのように表記した。

第3章　シンセシスの方法論

前章で述べたように、質的イノベーションには、シンセシス型の創造的思考が強く関与すると考えられる。本章では、そのシンセシスの具体的な方法について述べる。筆者は、シンセシスの方法は、大きく三種類に分類されると考えている。そのうちの二種類はモノの概念[注1]とモノの概念を組み合わせるものであり、残りの一種類は、プロダクトが使用される状況（本書ではそれを「場」とよぶ）とモノの概念を組み合わせるものである。

1　モノの概念とモノの概念の組み合わせ

概念を複数組み合わせて新しい概念を生成する思考過程については、認知科学の研究分野におけるフィンケらによる複合語の研究にその原型をみることができる[1]。彼らは、あいまいな複合語における明確な意味の欠如が新しい概念の創発を促すことを認知科学的な実験により示している。たとえば「コンピュータ・ドッグ」を例に挙げ、それから、ロボットの犬、数学が得意な本物の犬、犬のコンピュータシミュレーション、ハッカーの新たな表現、あるいは、コンピュータで制御された装置で作られたホットドッグ、などの概念が創発されるとしている。

筆者らは、これらの研究に刺激を受け、さらに、複数の概念を組み合せて新しい概念を生成する思考過程に研究を拡張した[2、3]。本章では、それらの研究成果を踏まえて、イノベーションの観点から改めて再検討することにしたい。

前章で述べたように、モノの概念とモノの概念の組み合わせには二種類ある。一つは、ロボット掃除機や新幹線五〇〇系や折刃式カッターナイフのように何かを参考にする方法であり、これをメタファ型とよぶ。もう一つは、スティーブ・ジョブズやビル・ゲイツが行ったとされている、性質の異なるいくつかの要素を組み合わせる方法であり、これをブレンディング型とよぶことにする。

◆メタファ型[注2]

メタファ（隠喩）とは、レトリックによる言語手段の一種であり、あるもの（A）を表すのに、それと似ている別のもの（B）で表現する方法である。その表現は基本的に［A is B］の形式をとる[4]。たとえば、『彼女はクレオパトラだ[注3]』という表現がその例である。いわゆる「たとえ」を

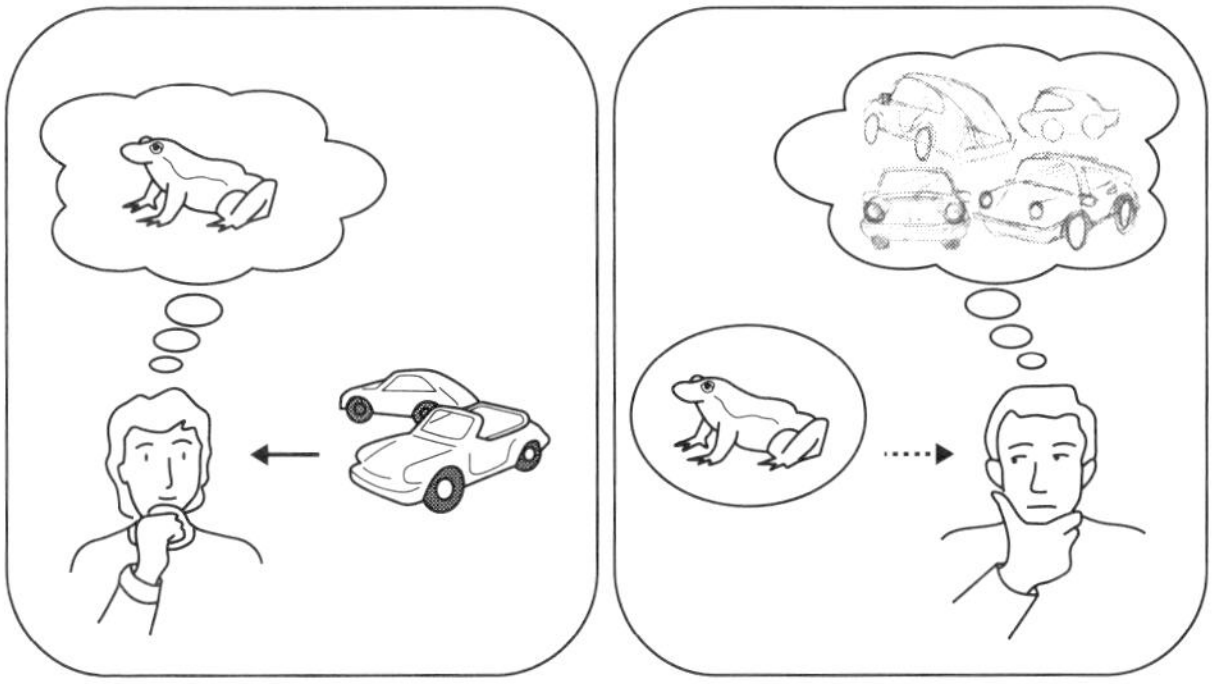

(a)　(b)

図3－1　(a) すでに存在するものをたとえることと (b) メタファを用いてデザインすることの違い [3]

用いる手法である。この方法は、デザインでもよく用いられる。ただし、デザインにおけるたとえの用いられ方は、言語表現におけるそれとは根本的に異なっていることに留意しなければならない。

『あの乗り物はカエルだ』では、これを表する時点においてその乗り物はすでに存在している。かたや、『カエルのような乗り物をデザインしよう』では、デザインする時点においてその乗り物はまだ存在していない。この場合は、形式的には『新しくデザインされるところの乗り物はカエルだ』と表現することになる。このように、同じメタファでも、メタファを用いてデザインをすることは、いまだ存在していないものをたとえるという点において、すでに存在しているものをメタファで表現することとは根本的に異なっているといってよいだろう。そして、格段に難しいと考えられる。

メタファの表現が意味するのは、たとえるものとた

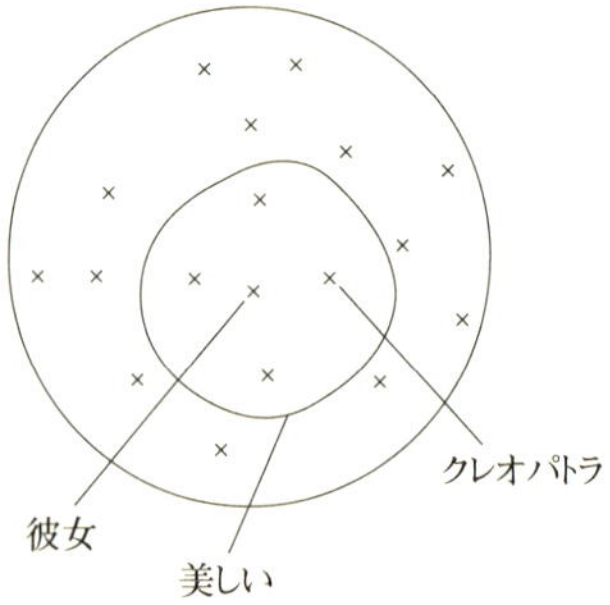

図3－2　メタファの集合論的な表現［3］

とえられるものの間にある共通の性質である。『彼女はクレオパトラだ』は、「彼女」と「クレオパトラ」が共通の性質（たとえば、「美しい」など）を有していることを意味している。ある概念と、それの有する性質との関係は、集合論を用いると、その概念に対応する要素ないし部分集合と、それを含む部分集合との関係として表すことができる。『彼女はクレオパトラだ』を集合論的に記すと、「クレオパトラ」と「彼女」の二つの要素が、ともに「美しい」という部分集合に含まれるということである（図3－2）。

同じく、メタファによるデザインにおいても、概念間の共通の性質が重要な役割を演じる。『カエルのような乗り物をデザインしよう』では、「新しくデザインされる乗り物」が、「飛び跳ねる」などの「カエル」の性質を具えるようにデザインされ、結果として、「新しくデザインされた乗り物」が、「カエル」の性質のつくる部分集合に属することになる（図3－3）。なお、この部分集合は、デザインする者によってつくられるものであり、一意に特定することはできない。

このような共通の性質は、概念の有する属性を捨象することで得られる。本章では、属性を捨象するという意味において、「抽象」[注4]という用語を用いる。たとえば、「飛び跳ねる」という性質は、「カエル」という概念を抽象化することで得られ、「折刃式カッターナイフ」の「刃先を折って切りとる」という性質は、「板チョコレート」という概念を抽象化することで得られる。

続いて、メタファによるデザインでは、ある概念を抽象化して得られる性質を既存の概念に加える（重ね合わせる）ことが行われる。第2章で取りあげた折刃式カッターナイフの例では、板チョコレートを抽象化して得られる「折って切りとることができる」という性質を、従来のカッターナイフに加える（重ね合わせる）ことにより生成される。同様に、新幹線五〇〇系は、カワセミの性質（形状）を従来の新幹線に加えることにより生成され、ロボット掃除機は、ロボットの性質（機能）を掃除機に加えることにより生成され、「カエルのような乗り物」は、カエルの性質を乗り物に加えることにより生成される（図3－3）。このように、ある概念の性質を、それとは異なる概念に重ね合わせるプロセスは、「属性転写（property mapping）」とよばれている。

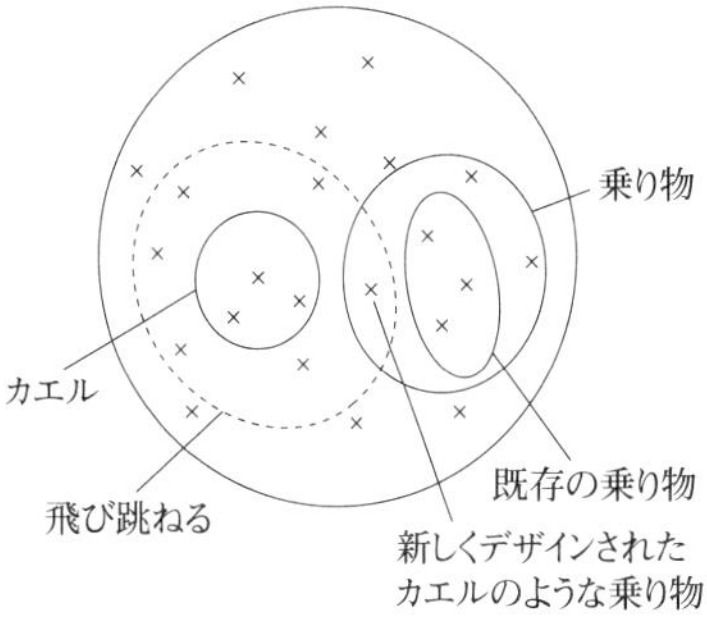

図3－3　メタファによるデザインの集合論的模式図[注5]［3］

さらに、属性転写された概念を具体化することが必要である。「カエルのような乗り物のデザイン」では、カエルの性質を乗り物に属性転写して得られた「飛び跳ねる乗り物」という概念をさらに具体化しなければならない。一方で、既存のものをメタファにより表現するのは、たとえるものとたとえられるものとの間に共通の性質を抽出する段階までである。『彼女はクレオパトラだ』という表現が期待するのは、「彼女」と「クレオパトラ」との間の共通の性質（「美しい」）が認識される段階までである。

つまるところ、まだ世の中に存在しないものをたとえている点、および、抽象化のプロセスに加えて具体化のプロセスが重要な役割を演じているという点において、メタファによるデザインは、いわゆるレトリックによる言語表現とは異なるといえよう。

これまでに議論したことをまとめると、メタファによるデザインの手順は次のようになる。

第一段階　たとえに用いる概念を選択する。
第二段階　第一段階で選択した概念からいくつかの性質を抽出する（抽象化する）。
第三段階　第二段階で抽出した性質を属性転写し、さらに具体化してデザイン案を生成する（転写・具体化する）。

なお、第一段階で行われる概念の選択の方法については、第2章5節および本章3節を参照していただきたい。

◆ブレンディング型[注6]

前節で述べたメタファによるデザインは、新しい概念を生成するための強力な方法であり、実際のデザインにおいても多数実践されている。この方法により新しい概念が生成されることに疑いはないが、しょせん、それらは、「カッターナイフ」であり、「新幹線」であり、「掃除機」である。つまり、「カッターナイフ」や「新幹線」や「掃除機」のそれぞれのカテゴリを超えるような概念が生成されることはない。そして、生成された概念は、「板チョコレート」や「カワセミ」や「ロボット」にすれば、真似である。もし、デザインの意図が既存のカテゴリの亜種（新種）を求めることにあるのならば、メタファによるデザインは有効な方法であるが、まったく新しいカテゴリの概念が求められる場合には、この方法では対応できない。たとえば、「雪」と「トマト」の二つの概念より『雪のようなトマト』という表現をつくってみると、容易に、「白いトマト」という概念が思い浮かぶ。ところが、「白いトマト」は、いずれにしても、トマトである。また、トマトとしては新しいかもしれないが、「雪」からみると、「白い」はごく平凡な性質である。

ここで、試しに、「雪」の「パラパラ降るという性質」と「トマト」の「調味材としての性質」という二つの異なる性質を組み合わせてみると、「パウダタイプのケチャップ（パウダタイプのチーズと同じように、食卓上に置いておき、食事中に必要に応じて料理にふりかけるもの）」というアイデアを得ることができる。この「パウダタイプのケチャップ」は、もはや、「トマト」でもないし、「雪」でもない。本節では、それぞれの概念の異なる性質を組み合わせて新しい概念を生成することをブレンディングによるデザインとよび、その理論と方法論について述べる。図3－4にブレンディングによるデザインを集合論的に表した模式図を示す。

ときに、認知言語学の分野において、フォコニエは、心的空間（mental space）の間のマッピン

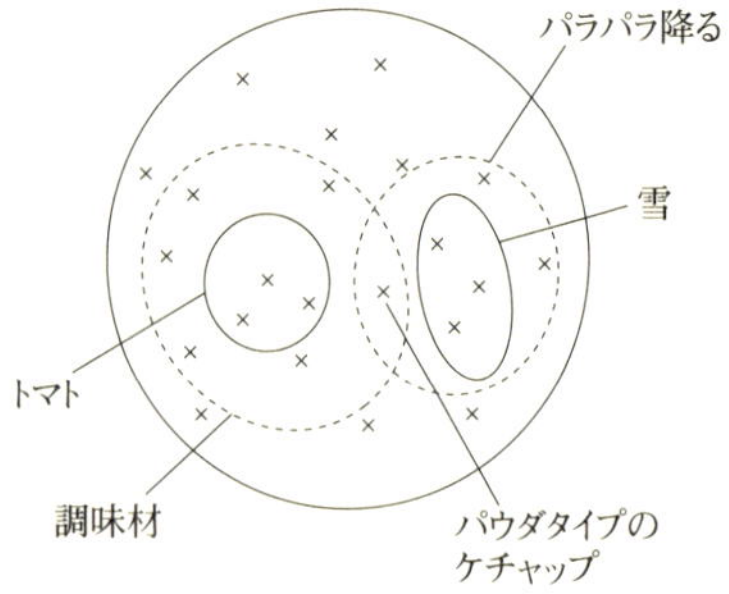

図3－4　ブレンディングによるデザインの集合論的模式図[注7] [3]

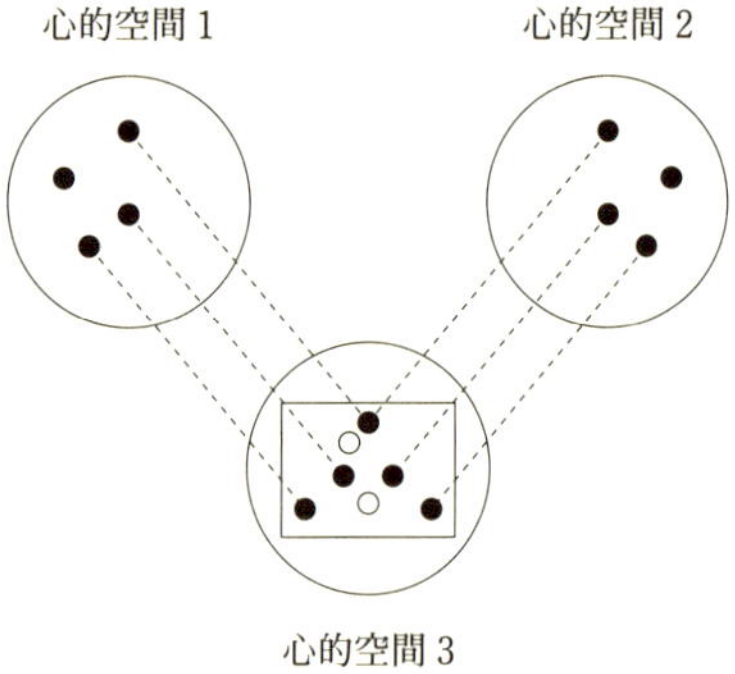

図3－5　心的空間のブレンディング（[5] を改変）

グについて分析している。そして、二つの心的空間から三番目の空間が導かれることを示し、これを「ブレンディング（blending）」と名づけている。このブレンドされた第三の空間は、入力された空間から構造の一部を継承し、かつ、入力された空間にはない独自の特徴を有する（図3－5）[5]。

フォコニエのブレンディングは、議論の対象を心的空間においているが、その理論は、概念の生成に適用できる。そうすると、二つの概念から、それらの性質の一部を継承し、かつ、入力された概念にはない独自の特徴を有する概念を生成するという方法が導かれる。これは、前述の「パウダタイプのケチャップ」のアイデアを得る思考プロセスそのものである。説明が前後しているが、先に定めた「ブレンディングによるデザイン」という用語は、フォコニエのブレンディングを原拠としている。

ブレンディングによるデザインにおいても、メタファによるデザインと同様に、生成された概念をさらに具体化する必要がある。「雪」と「トマト」によるデザインの例では、雪の性質とトマトの性質を組み合わせて得られた「パラパラ降るようなトマト味の調味材」という概念をさらに具体化することによって、「パウダタイプのケチャップ」というアイデアを得ることができる。

まとめると、ブレンディングによるデザインの手順は、次のようになる。

第一段階　ブレンディングに用いる概念を選択する。
第二段階　第一段階で選択した概念からいくつかの性質を抽出する（抽象化する）。
第三段階　第二段階で抽出した性質を組み合わせ、さらに具体化してデザイン案を生成する（ブレンディング・具体化する）。

なお、第一段階で行われる概念の選択の方法については、第2章5節および第4章1節を参照していただきたい。

また、いくつかの要素（たとえば部品など）をそのまま組み合わせてプロダクトをつくるプロセスは、ブレンディングによるデザインの特殊な場合と考えることができる。

2　モノの概念と場との組み合わせ型[注8]

プロダクトは、多様に利用される。たとえば、ヘアドライヤは、普通は、洗面所などで髪の毛を乾かすために利用されるが、かりに、旅行先のホテルなどで、靴下の替えのないことに気付いたときには、やむなく履いている靴下を洗って乾かすのに使うかもしれない。この使い方をヒントに、靴下も乾かすことのできるようなドライヤというアイデアが思い浮かぶ。この例が示すように、新しいプロダクトを構想するときには、プロダクトだけに注目するのではなく、視野を広げて、プロダクトの使用される状況にも意識を向けると、より斬新なアイデアがより多く生成できる。本節では、このことについて検討したい。[注9]

はじめに、いくつか用語を定義する。前段で述べたような、髪の毛を乾かすとか、靴下を乾かすというようなプロダクトの役割を「機能」とよぶことにしよう。また、洗面所や旅行先のホテルなどの、プロダクトの使用される状況を「場」とよぶことにする。そうすると、プロダクトの「機能」は、ある限定された「場」において発現するということができる。前述の例についていえば、ヘアドライヤの「髪の毛を乾かす」という「機能」は、「洗面所」という「場」で発現し、「靴下を乾かす」という機能は、「旅行先のホテル」という「場」で発現すると言い下すことができる。さ

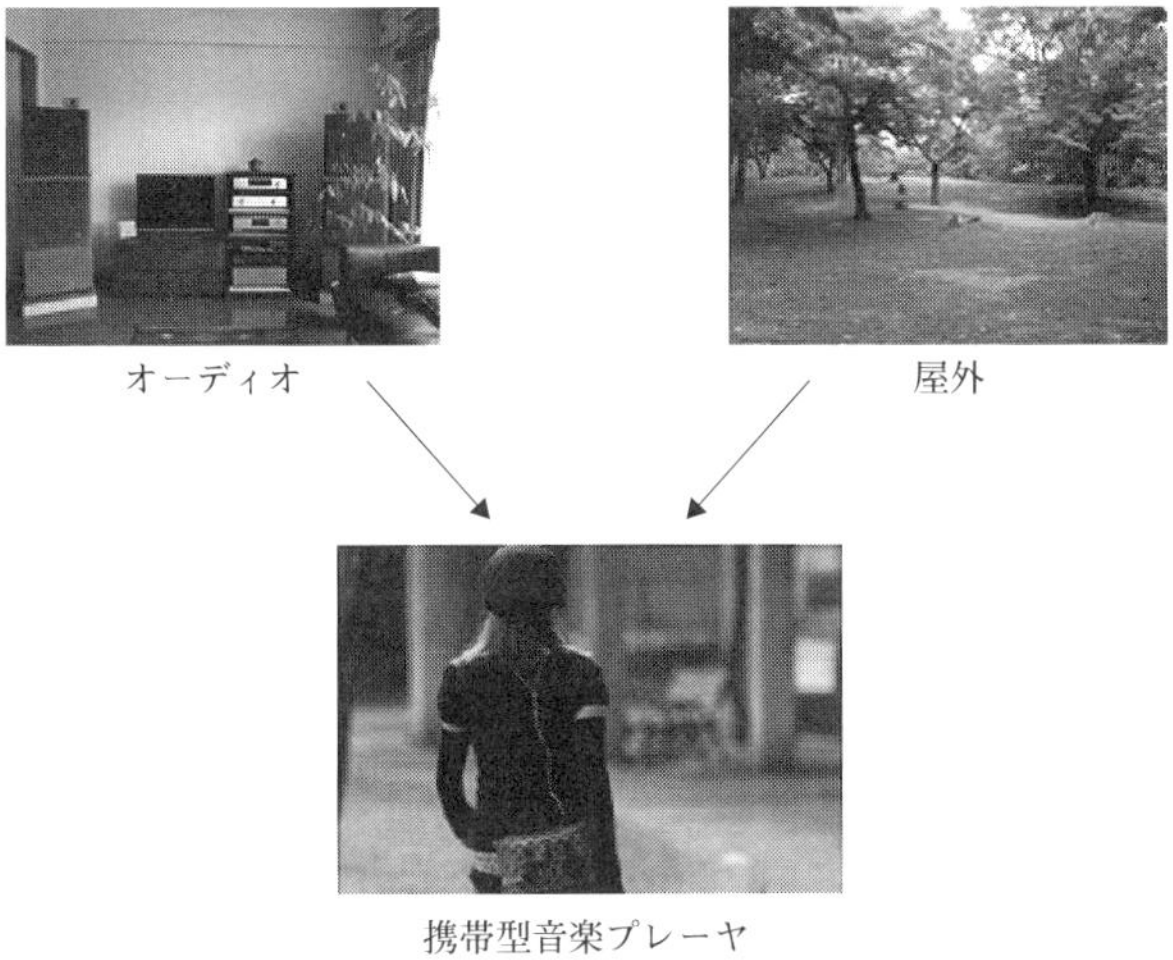

図3－6　新しい場で利用可能な携帯型音楽プレーヤ

らに、ヘアドライヤの「靴下を乾かす」という機能は、「洗面所」では通常は発現しないが、「旅行先のホテル」という「場」だからこそ発現するということができる。

プロダクトの機能がある限定された場において発現するという特性を利用することにより、「モノの概念」と「場」との間の新しい組み合わせをつくるという新たなプロダクトを構想するための方法を導くことができる。これは、シンセシスの一つの種類ということができる。「ヘアドライヤ」の例については、「ヘアドライヤ」というモノの概念と「旅行先のホテル」という場をシンセシスした（組み合わせた）というようないい方ができよう。現に、革新的なプロダクトのいくつかは、このような枠組みの上で説明できる。たとえば、携帯型音楽プレーヤが従来では室内という場で聞くものであった音

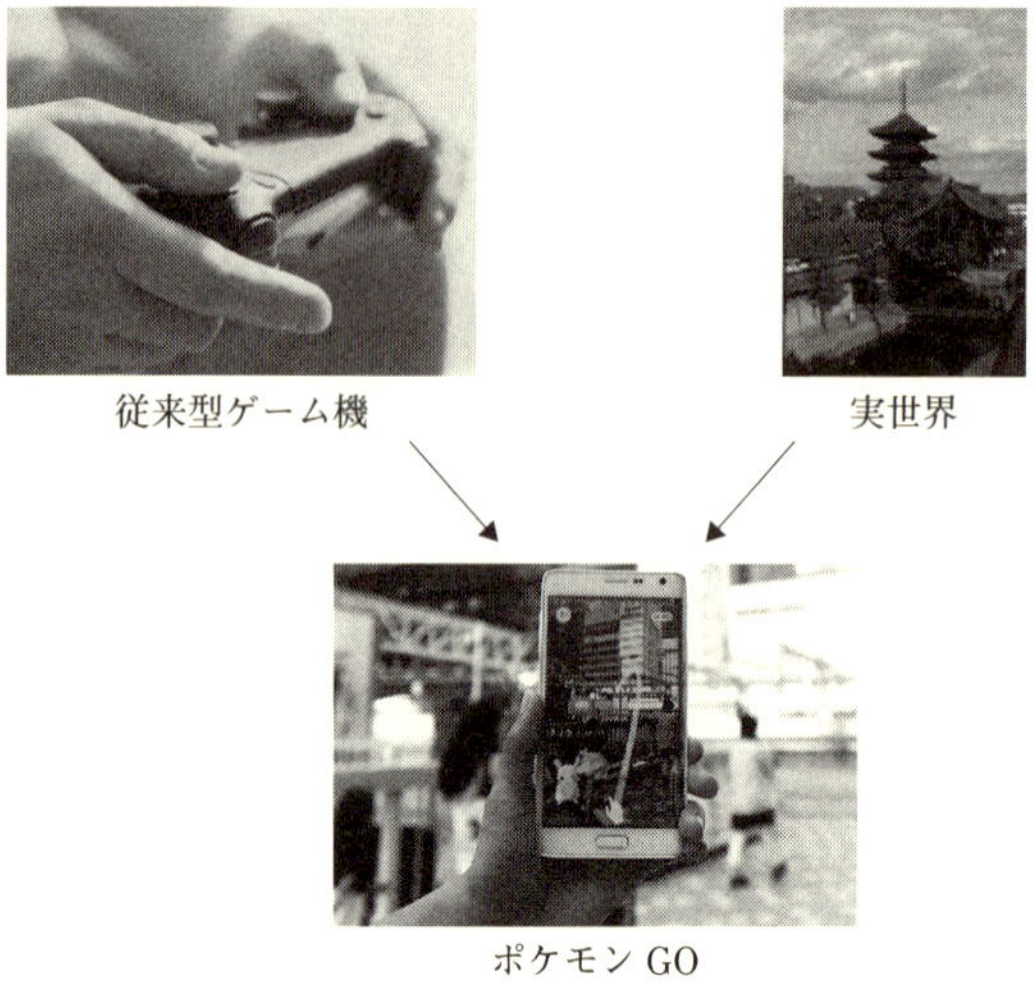

図３－７　実世界を組み込んだゲーム機［6］

楽を、屋外という場でも聞けるようにしたという点については、そのアイデアは、「従来型のオーディオ」というモノの概念と、「屋外」という場を組合せて得られたというように説明できる（図３－６）

また、最近流行しているポケモンGOに関しては、それが、従来では仮想的な世界に限られていたゲームの空間に、実世界という場を組み込んだという点において、そのアイデアは、「従来型のゲーム機」というモノの概念と、「実世界」という場を組み合わせて得られたというように説明できる（図３－７）

これらの事例は後付け的な説明であるが、今後は、「モノの概念」と「場」との新しい組み合わせを意図的につくる（シンセスする）ことで、革新的なプロダクトが構想できると考えられる。

具体的には、次に示すような方法を検討できる。図3－8に示すように、「プロダクト（P）」と「機能（F）」と「場（S）」の三者について、「現状」での関係と、「新規」での関係を比較する枠組みをつくってみよう。そうすると、次の四つのパターンを考えることができる。なお、いずれのパターンにおいても「場」は異なるものに変わるとする（$S_1 \neq S_2$）。

現状　プロダクト（P_1）—　機能（F_1）—　場（S_1）

⇩

新規　プロダクト（P_2）—　機能（F_2）—　場（S_2）

図3－8　プロダクトと機能と場の関係

第一のパターンは、プロダクトが変わらない場合（$P_1 = P_2$）である。たとえば、前述のヘヤドライヤが該当する。同じヘヤドライヤ（P_1）が新たな場[注10]（S_2：旅行先のホテル）において、新たな機能（F_2：靴下を乾かす）を発現するというようなことである。設計論の研究では、このように、プロダクトの置かれている場が変わることにより、そのプロダクトが新たに発現する機能のことを「潜在機能」とよんでいる。潜在機能は、プロダクトの使用価値を高めたり、新たなプロダクトにつながる潜在ニーズを発掘するのに有用である。

第二のパターンは、機能が変わらない場合（$F_1 = F_2$）である。たとえば、前述の携帯型音楽プレーヤが該当する。新たな場（S_2）において、同様の機能（F_1）を発現するように、新たなプロダクト（P_2）が考案される。

第三のパターンは、新たな場（S_2）を参考に、プロダクト（P_2）と機能（F_2）の双方を改良したり新たに考案する場合である。たとえば、前述のポケモンGOが該当する。

第四のパターンは、いまだ世の中のどこにも存在していない未知の場[注10]（S_2）を想定し、そこにおけるプロダクト（P_2）と機能（F_2）を考案することである。たとえば、富士山にケーブルカーがあったとして、そこで有用なサービスを考えるようなことである。

3　質的イノベーションに関与するシンセシスとは

第2章6節において、質的イノベーションには、シンセシス型の方がより強く関与すると述べたが、その内容については丁寧に吟味する必要がある。

はじめに、第1章で述べた量的イノベーションと質的イノベーションの違いについて確認しよう。量的イノベーションとは、「利便性の向上」や「生産性の向上」を指向するものである。それを達成するために一般的に行われるのは、現状の問題点をアナリシス（分析）し、それの解決策を考えることである。たとえば、第1章の事例分析で量的イノベーションに分類された、自動改札システムや座席予約システムなどのプロダクトの多くは、社会に内在する問題を解決するために開発されたと考えられる。他方で、質的イノベーションとは、新たな生活スタイルを生み出し新たな文化を創成するようなものである。そのためには、現状の延長線上からは思いつきにくいような革新的なプロダクトがデザインされる必要がある。たとえば、第1章の事例分析で質的イノベーションに分類された、ウォークマン、ウォシュレット、ラップトップコンピュータ、電子式卓上計算機、家庭用ゲーム機などのプロダクトの多くは、その開発当時に存在していたプロダクトから容易に想定されるものではなかった。

かたや、シンセシスの三つの種類は、それらの内容により、メタファ型と、それ以外の二つ（ブレンディング型、および、場との組み合わせ型）に分けられる。注11

前者には、さらに、次の二つのケースがある。一つは、ロボット掃除機を例とするケースである。このケースは、既存のカテゴリ（掃除機）の範囲に限られるものの、斬新なプロダクトの生成に寄与する。もう一つは、新幹線五〇〇系や折刃式カッターナイフを例とするケースであり、斬新さに加えて、ある特定の問題を解決するプロダクトの生成に寄与する。このケースは、第2章2節で述べた固執解放型の創造的思考に類似している。メタファから得られる新しい「視点」が、固執からの解放をもたらすからである。たとえば、折刃式カッターナイフのアイデアは、「刃を折って使う」というナイフの常識を覆すような視点（発想）の転換から生まれたとされているが、その発想は板チョコレートからきている。

他方で、メタファ型以外の二つの種類（ブレンディング型、および、場との組み合わせ型）は、性質の異なるいくつかの要素的な知識や技術を組み合わせるなかで、どの要素の改良でもない新しいプロダクトをつくり出すことができる。

本節での議論をまとめてみよう。ブレンディング型や場との組み合わせ型は、第2章で述べたシンセシス型の創造的思考に則り、異なる性質のいくつかの要素的な知識や技術を組み合わせて既知のプロダクトからは容易に想定できない革新的なプロダクトを実現することで、質的イノベーションに関与する。一方で、メタファ型は、次の二つのケースがある。一つは、ロボット掃除機のように、既存のカテゴリの亜種（新種）の範囲に限られるものの、シンセシス型の創造的思考に則り、斬新なアイデアを生成することで、質的イノベーションに関与するケースである。これを、メタファ型（亜種タイプ）とよぶことにする。このケースでは、さらにアイデアを膨らませることで、既存のカテゴリを超えた革新的なプロダクトをつくりだすことができる。たとえば、ロボット掃除機は、もはや、既存の掃除機のカテゴリを超えた新しいプロダクトのカテゴリをつくりつつある。このことについては、第7章でも触れる。メタファ型に関するもう一つのケースは、新幹線五〇〇系や折刃式カッターナイフを例とするものである。斬新なアイデアではあるが、メタファを用いる意図が問題解決に有用な視点の発見にあって、多くの場合、量的イノベーションに関与する。これを、メタファ型（問題解決タイプ）とよぶことにする。メタファ型（問題解決タイプ）は、形式的にはいくつかのモノの概念を組み合わせるというシンセシスの形態に則っているが、実質的には固執解放型の創造的思考に準じており、その内容は限りなくアナリシス的であるといえよう。本書では、そのようなケースを区別するために、ブレンディング型や場との組み合わせ型を（本来の）シンセシスとよぶことにする。

これまでに述べたことは、図3－9のように整理することができる。上段には、量的イノベーションないし問題解決に関するものがまとめられている。対して、下段には、質的イノベーションな

注

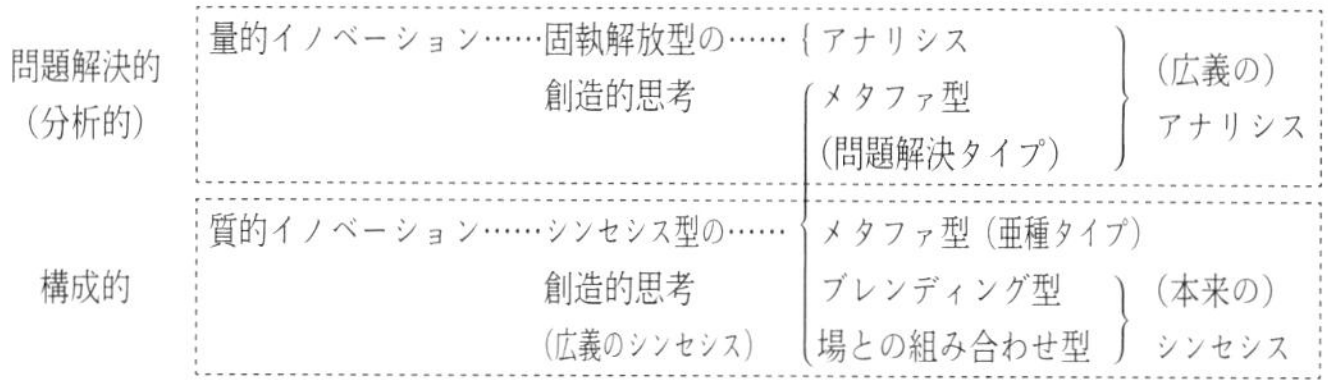

図3－9　イノベーションと創造的思考とシンセシスの関係

いしシンセシスに関するものがまとめられている。もちろん、このような関係が一律に成立するわけではない。実際のイノベーションは、数多くの部分的なデザインの集積である。いずれにしても、部分的な個々のデザインをみてみると、ブレンディング型で行われることもあれば、メタファ型（問題解決タイプ）で行われることもある。現に、新幹線は全体としてみれば質的イノベーションであると考えられるが、五〇〇系はメタファ型（問題解決タイプ）である。

注

1　ここでいうモノの概念とは、モノについて人間が心のなかに抱く、既存、あるいは将来に存在可能な姿、あるいは、その類や属性に関する表象のことである。

2　本節は、基本的には拙著［3］第3章からの抜粋である。

3　本書では、具体的にたとえを用いて表された語句や文章は、『　』で記すことにする。

4　「抽象」は、本書のキーワードの一つであり、他の意味も含めて使用する。詳しくは、第5章で述べる。

5　点線は、部分集合がデザインする者によってつくられ（すなわち、

6　本節は、基本的には拙著［3］第４章からの抜粋である。

7　点線は、部分集合がデザインする者によってつくられ（すなわち、性質が認識され）、その境界が一意に特定されないことを表す。

8　本節は、拙著［3］第2章および第5章を、イノベーションという観点から大幅に書き換えたものである。

9　火災の原因となる恐れがあるため、実際にはこのような使い方をしてはならない（とされている）。

10　本書では、「新たな場」と「未知の場」を次のように使い分けている。前者は、世の中のどこかにすでに存在しているが、そのプロダクトについてはいまだ使用されたことがない場合に用いる。それに対して、後者は、場自体がいまだ世の中のどこにも存在しない場合に用いる。厳密には、未知の場に関しても、第一、第二、第三のパターンの区別が考えられるが、未知の場は実例が少ないと思われるので、ここでは一つのパターンにまとめてある。

11　これらの間には、メタファ型が類似性に注目するプロセスであるのに対して、ブレンディング型は差異性に注目するプロセスであるという認知科学的な違いもある。第５章４節で簡単に説明する。また、前者が概念の加算的な演算であるのに対して、後者は乗算的な演算であるとし、前者を一次の概念生成、後者を高次の概念生成と筆者らはよんでいる［3］。

第4章　イノベーションのためのデザインのプロセスモデル

本章では、はじめに、イノベーションにつながる創造的思考の諸相について掘り下げた議論を行う。具体的には、「直観から直感へ」「アナリシスからシンセシスへ」[注1]「設計解から仮説へ」、および、「プロダクトの目的や目標をデザインの外から内へ」の方向にデザインの重心を移動することの必要性について議論する。そして、これらの議論にもとづいて、構成的デザインと分析的デザインから成るプロセスモデルを提案する。本章では、若干細かな議論が続くが、創造的思考についてより深く理解するためには、今日まで各分野で論じられてきたことを丁寧に吟味する必要がある。

1　直観から直感へ

意思決定では直観ないし直感が重要な役割を担うといわれている。現に、スティーブ・ジョブズは、「最も重要なことは、あなた自身の心（heart）と直感（直観）[注2]（intuition）に従う勇気をもつことだ」と述べており〔1〕、また、ビジネスの成功者や将棋の名人が直感力の重要性を指摘するなど〔2、3〕、高度な意思決定における直観ないし直感の重要性は数多く論じられている〔4、5、6〕。

では、直観ないし直感とはどのようなものなのだろうか。

辞書によると〔7〕、「直観」とは、「哲学用語であり、推理などを用いず、直接に対象をとらえること」であり、「直感」とは、「推理・考察などによらず、感覚的に物事を瞬時に感じとること」とある。

直観という心的現象についての学術的な研究も数多くなされている〔たとえば、8〕。古くは哲学の分野において議論されたが、その後、心理学の研究対象となり、最近では、デザインやビジネススクールの研究者も注目するようになった。そこでは、全体性、分析的プロセス、無意識的思考、意思決定、問題解決、暗黙知、専門家、経験、などがキーワードとなっている。

たとえば、デザインの研究分野では、intuition 的なプロセスについて、その特徴をまとめた研究〔9〕や、経験的につくられるスキーマやスクリプトなどのメンタルモデルとの関係に関する報告がある［10］。

また、コロンビア大学ビジネススクールのダガン（イノベーションにおけるシンセシスの有効性を指摘した人物として第2章で引用紹介した）は、類似した問題をパターン化し処理スピードの向上に有効な「専門的直観」と、実用主義的に既知の知識にふれるなかでそれらをひらめきから有機的に結びつけて新たな発見に発展させる「戦略的直観」を対比させ、後者の有用性を指摘している［4］。

こうした議論を踏まえ、本書では、インベーションのためのデザインにおける「直観」と「直感」を次のように区別してとらえることにしたい。

すなわち、「直観とは、経験によるパターン化にもとづいて物事を瞬時に判断すること」とし、「直感とは、感性にもとづいて物事の有りようないし関連を感じとること」と考える。前者は、経験を重ねるなかで獲得されるヒューリスティック的な知識のことである。たとえば、おいしい果物を専門家が選ぶ際に、定量的で確かな根拠は言えないが、であるからといって、当てずっぽうでもなく、これまでの経験や知り得ている情報をもとに選ぶようなことがあるだろう。これが「直観」である。後者は、感覚的なものである（詳しくは後述する）。本書では、以降、「直観」および「直感」という用語は、この意味に用いる。なお、英語では、intuition が直観を意味し、直感は gut feeling と表されるようであるが、厳密に区別されているようでもない。日本語においても、「直観」と「直感」を使い分けている人は少ないだろう。しかし、本書においては、それらを全く異なるものとして使い分ける。

第2章で述べたfixationについて、「直観」や「直感」の観点からみてみよう。fixationには直観が関係していると思われる。なぜならば、fixationの原因とされる「先入観」は、経験的に生成されることが多いからである。たとえば、前述の九点問題のミソは、正解は九つの点がつくる正方形の内側にあるに違いないという先入観からいかにして解放されるかであったが、そのような先入観は、我々が今日までに経てきた経験のなかでつくられるといえよう。ならば、直観は、fixationを経験的に導くという点において、実は創造性の妨げとなる可能性を含んでいることになる。

一方で、シンセシス型の創造的思考は、定義が示すとおり、「直感」から誘起されることになる。逆にいうと、シンセシス型の創造的思考の源を「直感」とよぶことにしたともいえよう。

こうしてみると、「直観」と「直感」は、創造的思考の観点からは、全く異なる様相を呈することになる。「直観」は創造的思考にネガティブに作用する可能性があるのに対して、「直感」は創造的思考を誘起するように働くということである。逆にいうならば、たとえば、成功体験を経験すると、「直観力」は強くなるかもしれないが、その反面、それによって増幅されるであろう先入観が「直感力」を鈍らせる危険性もあるということである。つまり、成功体験は、創造性の観点では諸刃の剣であるといえよう。

前述のように、「直観」とは「経験」により生じるものであり、「直感」とは「感性」により生じるものとした。では、「直感」を導く「感性」とはどのようなものなのだろうか。

筆者は、シンセシス型の創造的思考につながる「感性」とは、自由連想に関係していると考える。

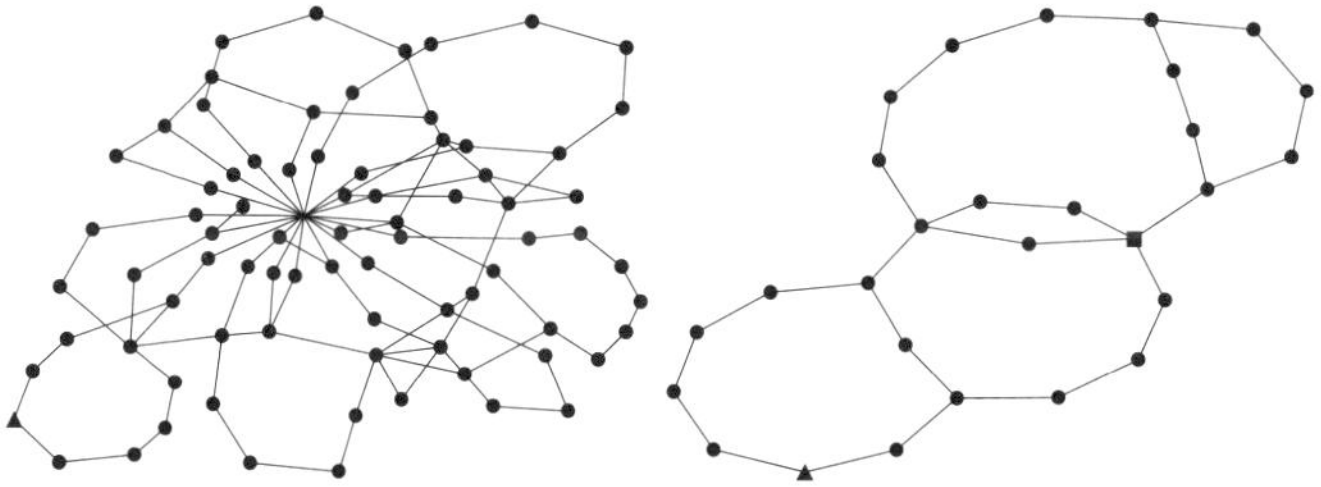

(a)　　　　　　　　(b)

図4－1　アイデアの生成過程における連想の広がり：独創性が高いと評価されたアイデアを生成した場合（a）と独創性が低いと評価されたアイデアを生成した場合（b）

なぜそのように考えるのかを説明したい。

　筆者らは、互いに関連のうすい二つの概念を組み合わせて（シンセシスして）新しいアイデアを生成する過程を、コンピュータを用いてシミュレーション[注3]したことがある。そのデータには、「船」と「ギター」の二つの概念を被験者が組み合わせるという実験から得られたものを用いた。結果をみると、独創性が高いと評価されたアイデアを思いついたときは（すなわち、シンセシスに成功したときは）、連想がより複雑に絡み合いながら膨らんでいた[11]（図4－1）。この傾向は、他の事例も含めて、統計的に確認された。このことは、独創性が、連想のありよう（ネットワークのかたち）に関係することを示している。よいアイデアは、ある特定のイメージ（たとえば、「星」とか「蛍」）から連想されるように思いがちであるが、実は、そうではないことをこの結果は示唆しているのである。

　また、同様の方法を用いて、あるものから印象を受ける過程をシミュレーション[注4]したところ、好みであると評価された

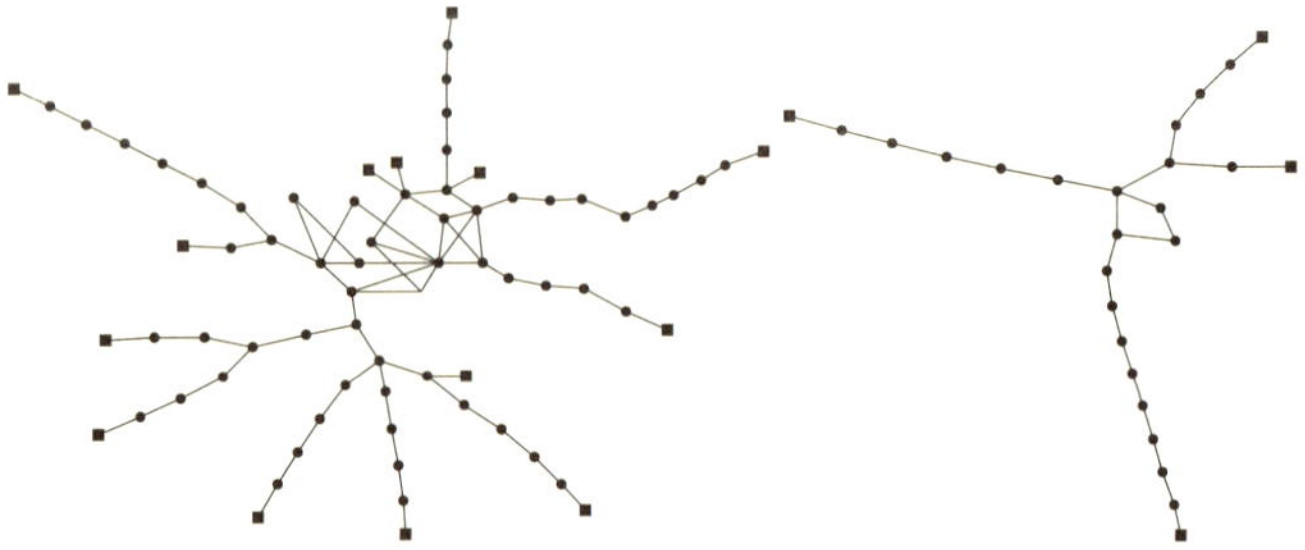

図4－2　印象の生成過程における連想の広がり：好みのものから印象を受けた場合（a）と好みでないものから印象を受けた場合（b）

ものから印象を受けるときは、連想がより複雑に絡み合いながら膨らんでいるという結果が得られた[12]（図4－2）。この傾向は、他の事例も含めて、統計的に確認された。このことは、好みであるという感覚は、連想のありよう（ネットワークのかたち）に関係することを示している。あるものが好みであるという印象とは、その人の最も好みのもの（たとえば、「バラ」とか「パンダ」）から派生して生じるように思いがちであるが、そうではないことをこの結果は示唆しているのである。

これらの結果は、互いに関連のうすい概念を関連づけて（シンセシスして）よいアイデアを思いつくことが、よい印象を受けることと本質的には同じような仕組みにもとづくことを示唆している。そして、その仕組みとは、「星」とか「バラ」のようなある特定の静的な概念を中心に連想が膨らむのではなく、さまざまな概念が複雑に絡み合いながら膨らむ、その連想の動的な有りように関するものであると考えられる。すなわち、好みのものに心が響くとか、創造することに心が躍る、というような心の「ときめき」とは、ある特定の種や芽に反応するようなことではなく、それに伴って生じる（自由）連想の広がりや複雑さに反応（共鳴）するということである。そう考えると、そのための「音叉のような共鳴器」が心の中にあるのではないかと推察される。

そして、「音叉のような共鳴器」が響くようにシンセシスを行えばよい（性質の異なるいくつかの要素的な知識や技術を選択し結びつければよい）ということになる。これは、ジョブズの言説中の「心（heart）や直感（直観）（intuition）に従う」に対応しよう。

また、その音叉が共鳴するように物事が（自由連想を促すように）関連づけられたときに、その関連が「ひらめき」として表出すると考えられる。

これらのことを第2章で述べたことに関連付けてみよう。直観における「ひらめき」とは、先入観（fixation）から解放されるときに得られる飛翔であり、それに対して、直感における「ひらめき」とは、物事が感性的に（感性に共鳴するように）関連付けられるときに得られる飛翔であるということができる。

ここで、ウィルソンらが興味深い研究をしているので、紹介したい［13］。ある実験に参加したお礼にと、本人が気に入るポスターを選ばせて、持って帰らせた。その際に、あるグループには、ポスターを選ぶ理由を挙げさせ、別のグループにはそのようなことはせずにただ選ばせた。その後の満足度をグループ間で比較してみると、後者の方が高かったというのである。この結果を、前述の議論に重ねて考察してみよう。理由を挙げなかった被験者は、「直感的」に選んだといえよう。それに対して、理由を挙げた被験者は、自ら保有しているポスターや以前に購入に失敗した経験などを思い出し、それをもとに選んだのであろう。もしくは、自分の好みのもの（色や構図など）からアナリシス的に考え出したのかもしれない。その理由がどうであれ、その後も後者の方が満足感が続いたということは、理由を考えずに直感で選ぶと、いろいろと理由を考えるより意思決定がぶれないということである。これは何を意味しているのだろうか。それは、選ぶ際にいろいろと理由を考えてしまうとその判断は時間が経過するとともに変わりやすいが、心の中にあるであろう「音叉のような共鳴器」は時間が経過しても同じように響くということではないだろうか。つまり、理由を考えようとすると、必然的にいくつかの基準や見方を比較することになるが、そうすると、その比較の根拠は変わりやすいということなのであろう。たとえば、「家にある気に入った絵に似ている」という理由で選択したとすると、その後に、「五年前に友人の家で見た絵の方がよかった」と思い出してしまうと、初期の判断を後悔してしまうことになる。かたや、「音叉のような共鳴器」というものが、かりに、本物の音叉のように常に同じ状態で響くものであるならば、それに従って選択する限りにおいては、その後に後悔することはないであろう。このようにウィルソンらの研究を考察してみると、心の中には、文字通り「音叉のような共鳴器」が存在するのではないかと思えるのである。

次に、ジョブズの「数字なんて、どうにでも料理できる。信じれば、だまされてしまう」という発言について「直感」の観点からみてみよう。この発言の真意は、「リスクを恐れず挑戦し続けるためには、新製品のことをいちばんよくわかっている自分の勘と経験を信じるべきだ」ということだといわれている[14]。ここでの「勘」とは「直感」を指し、「経験」とは「直観」を指していると考えられないだろうか。そうすると、「経験」と「感性」という相反する側面をもつ両者をバランスよく信じるべきであると指摘しているように読み取れる。

過去に筆者は、組織の運営に携わり、幾多の意思決定をしたことがある。その際に、新規の案件の可否を判断する場面では、「理屈はどうにでもなる」と実感した。その案件をやりたくないと思ったときには、「前例がない」といえばよく、やりたいと思ったときには、「前例のないことをやるのが我々のやるべき仕事だ」と言えばよいのである。

つまるところ、（本来の）シンセシス型の創造的思考には、感性にもとづく「直感」が重要な役割を担うという結論に至る。

2　アナリシスからシンセシスへ

第2章において、シンセシスという考え方の重要性を指摘した。本節では、シンセシスの特徴について、さらに、詳細に検討する。

デザインのプロセスは、一般的には、アナリシスとシンセシスから構成されているといわれている。第2章4節で述べたように、アナリシスとは、「すでに世の中に存在しているもののことについて、それをいくつかの部分や性質の要素に分けることでそのものごとの有りようを明らかにすること」であり、シンセシスとは、「すでに存在しているさまざまなものごとを組み合わせて、まだ存在していない一つのものごとにまとめあげること」である。たとえば、物質の性質を、分子から原子、さらに素粒子へと細かく分解して解明するのがアナリシスであり、各種の部品を使って新しい機械の構造を組み上げるのがシンセシスである。シンセシスを行うためにはアナリシスが必要であるが、アナリシスの知識だけではシンセシスはできない、といわれている。それは、なぜであろうか。

一つの理由は、全体と部分の関係にある。全体論[15]と称する考え方では、「全体は部分の和以上である」と述べている。分解された要素を再構成するだけでは全体は実現されないということである。これはどういうことだろうか。現に、機械のデザインで要素を組み合わせると、組立品ができるではないか、それは全体ではないのか。その疑問には、「創発」という考え方が答える。いみじくも、ポラニー[16]は、「上位のレベルは、それがはたらくためには、下位のレベルの要素そのものを支配する法則に依存する。しかし、上位のレベルのはたらきを、下位のレベルの法則によって明らかにすることはできない」と述べ、都市－建物－レンガ－原料の四つのレベルを例にあげている。上位のレベルでは下位のレベルとは異質の働きがあるということである。たとえば、自動車の性能は、エンジン等の部品の性能に帰着するが、エンジンやタイヤの設計者を集めるだけでは、良い自動車はデザインできない。

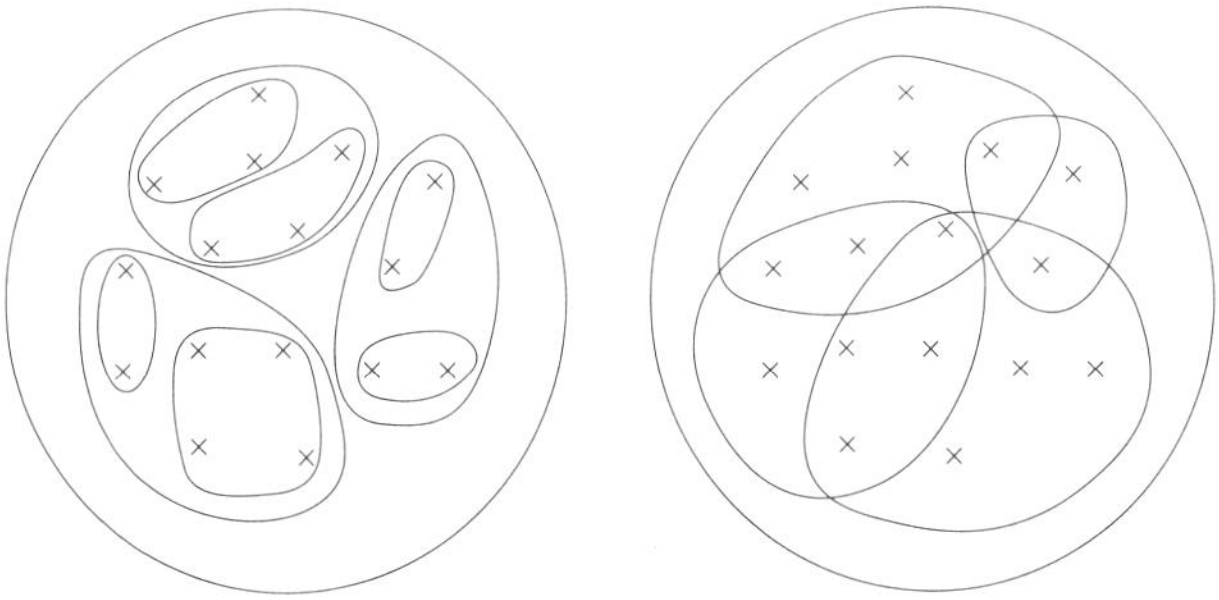

図4－3　知識の構造の違い：アナリシス（a）とシンセシス（b）

もう一つの理由は、それらを行うための知識の構造の違いに求めることができる[17]。アナリシスを行うための知識は、分類の曖昧性をきびしく排除することによって整然と構造化されたものである。たしかに、エンジンの性能は定量的に分析され、数直線上で比較される。そして、集合を用いると、重なりのない直和分割された知識構造として表現される（図4－3（a））。しかし、シンセシスを行うための知識は、そうではない。第2章で述べたように、新たなプロダクトのコンセプトは、性質の異なる既存のいくつかの要素的な知識の組み合わせから生成されることがある。そのための知識の構造は、重なりのあるものでなくてはならない[注5]（図4－3（b））。このような重なりは、アナリシスをいくら突き詰めてもそれだけでは決して得ることができない。そのためには、アナリシスから得られた知識（実体や性質：要素や部分集合で表される）を、知識の重なりのあるように再構成する必要がある。しばしば、Synthesis by Analysis という表現を聞くことがあるが、この表現には（本来の）シンセシスの本質を歪曲し見誤らせる危険性がある。

3　設計解から仮説へ

デザインの成果物は、多様に表現される。工学設計では、「設計解」とよばれることが多い。その理由は、工学設計がいわゆる「問題解決」ないし「与えられた問題を解くこと」のようなことを多く行うからであろう。一方で、設計やデザインの成果物を「仮説」ととらえる考え方もある[18]。それは、デザインの成果物がディダクション（演繹推論）から導かれるのではなく、アブダクション（仮説推論）により生成されると考えるからである。ディダクションやアブダクションとは、推論の一つの形態である。以降にそれらを概説しながら、両者の違いについて説明する。

ディダクションとは、一般的ないし普遍的な知識から、より具体的な知識を導く推論であり、いわゆる三段論法がその代表例である。米森[19]は、「ディダクションはただその前提にすでに述べられている事実から一つを取り上げ、それをその結論において明確に述べるだけである」と述べ、例として、x+y=1と2x+y=6から解としてx＝5, y＝−4を求める行為を示している。この例の意図は、二つの方程式を図示してみると容易に理解できる。二つの方程式の解とは、それらの表す直線の交点のことでもある。一方で、直線の交点は、それらが図示されると同時に定まる。つまり、交点は二つの方程式に暗黙裡に含まれるものであり、よって、方程式を解くということは、その暗黙裡の交点を明示化することにすぎないということができる。

かたや、アブダクションとは、ある事実に遭遇したときに、その事実を導くことのできる仮説を発見する推論である。アブダクションでは、直接遭遇したものとは異なる種類の何ものか（仮説）を推論する。では、「仮説」とは何であろうか。それを議論しなければならない。そこで、「仮説」そのものの意味内容について、パースやポアンカレの言説［19、20］を参考に、次のように整理してみた。まず、医師が病状から診断する病名は、仮説ということができよう。このような仮説は、目の前の現象を因果関係的に導く原因に関するものであるので「原因仮説」とよぼう。また、力学の法則のように、ある現象を説明する原理も仮説である。このような仮説は「説明仮説」といえよう。原因もある種の説明になり得るが、ここでは、自然法則のように、抽象的なレベルで現象を説明することを想定する。さらに、幾何学の証明に用いる補助線も、仮説とよぶことができる。[注6]幾何学の補助線とは、それを引くことにより、証明を可能とするものである。たとえば、二等辺三角形の底角は等しいという定理は、頂点から底辺に対して中線を引いて作られる左右の二つの三角形の合同を示すことで証明される。補助線はそれを引くという「仮置き」の作業を経ることで目的（証明）が達成されるので、このような仮説を「作業仮説」とよぶことにする。では、デザインの成果物は、どの仮説だろうか。成果物がニーズを説明するという点においては、説明仮説といえよう。また、プロダクトの案を仮置きするという点においては、作業仮説ということとなる。

原因仮説は、事例を多く集めることで、ディダクティブにつくることができる。また、説明仮説も、現象から帰納的（インダクティブ）に得られることがある。だが、力学の法則や補助線は、ディダクティブには得ることができない。そのための方法はないといってよい。力学は「力」を基本に体系がつくられているが、実は、「力」とは、どこにも実在しないであろう仮定の概念であるといってよい[注7]（第5章で再度議論する）。そのようなものを仮定するといろいろなことが説明できる、といっているだけであって、「力」を直接みた人も計った人もいない。計っているのはバネの変位などであり、そこから循環論法的に「力」を算出しているだけである。いかにも、あるパラメータを仮定すればいろいろな現象が説明できる、ということは分かる。では、そのようなパラメータはどうやったらみつけることができるだろうか。補助線も同じである。数学の教科書には、補助線を引けば証明できるとは書いてあるが、その補助線をみつける方法についての説明はない。説明できないのである。それらを一意に導く方法を明示できないという意味において、力学の法則や補助線のような仮説は、「真の仮説」ということができよう。もし、デザインの前提条件が実験室で再現できたり、デザインの成果物が既存のプロダクトを改良することにより得られるのであれば、それらをアナリシスすることでディダクティブにデザインできる可能性があるが、現状の延長線上にはない未知のプロダクトをデザインするのであれば、真の仮説を求めるようなことが行われなければならない。

このように、デザインのプロセスがディダクティブなものであるか、あるいは、アブダクティブなものであるかのとらえ方の違いから、その成果物の表現に違いが生じたものと思われる。

すなわち、「設計解」という表現には、参照すべきなんらかのデザイン成果物が存在することを前提とし（たとえば、前例となるプロダクトがあるなど）、その性能やコストの「最適性」を追求することに主眼を置くという意味が含意されているのに対して、「仮説」という表現には、そもそも、それが存在したり社会で受け入れられる可能性は不明であるが、未知のプロダクトを発見したいとの意識のもとに、それを仮置きすることに主眼を置くという意味が込められているように思われる。そして、「問題を正確に解く」と表現されるように、解の妥当性がそれを導く手続きの正しさに帰着することが多い（たとえば、強度計算が正しく行われたかなど）のに対して、仮説が妥当であるかは、それを導く手続きだけからは判断されにくく他のデータ（たとえば、プロダクトがユーザにどのように評価されるかなど）を必要とすることが多い。

詮ずるところ、「設計解」と「仮説」の表現の違いからは、デザインとは「与えられた問題を解く行為」であって「正確な手続きによる最適性の追求」が求められるものなのか、それともデザインとは「妥当かどうかは分からないがとりあえず案を仮置きする行為」であって「現状の延長線上にない未知のプロダクトの新たな発見」が求められるものなのか、の違いを読み取ることができよう。

こうした考察を第2章での議論に関連づけてみよう。（本来の）シンセシスは、与えられた問題を解決するのではなく、まさしく、いまだ存在していない未知のものをつくり上げるのであるから、そのデザインは、「設計解」を求めるよりは「仮説」をつくるように行うのが良いとの結論に至る。

4　プロダクトの目的や目標をデザインの外から内へ

イノベーションのためのデザインには、大きく二つのスタイル（様式）がある。一つは、プロダクトの目的や目標があらかじめ与えられるスタイルである。たとえば、デザインの発注者からデザインの仕様が与えられるようなことである。もしくは、ユーザのニーズからプロダクトの仕様が決まるような場合もある。もう一つは、デザインするなかで、プロダクトの目的や目標（仕様）が見出されるスタイルである。これを読むと、「え？」と思う読者が多いのではないだろうか。デザインでは、その目的や目標があらかじめ与えられるのは当然ではないのか。逆にいうと、目的や目標が与えられるのをデザインとよぶのであって、それをもって芸術から区別されるのではなかったのか、と。[注8] ここで筆者が述べたいのは、デザインの目的や目標がない、ということではない。それらがあらかじめ外部から与えられるのか、それとも、デザインしているさなかに内部から見出されるのかの違いである。というのは、その違いがデザインの在り方を大きく左右すると考えられるからである。

実際に体系化されているデザイン方法論については、前者のスタイルにならうものが多いが［たとえば、21］、現状の延長線上にない革新的なプロダクトを実際に導いたデザインの多くは後者であったといわれている［4］。現に、ゲイツやジョブズは、つくるべきプロダクトの目的や目標が先にあってそのためにいくつかの要素的な知識を関係づけたのではなく、関係づけた結果として、プロダクトの目的や目標（仕様）を見出したと考えられる。この点については、次節でも触れる。

このような二つのスタイルの違いは、プロダクトの目的や目標を定める行為が、デザインの外にあるのか、それとも、内にあるのかの違いということもできる。これは、システム論の立場からは、デザインが自己言及システムであるか否かという問いである。

ここで、第2章での議論を振り返ってみよう。（本来の）シンセシスでは、どのカテゴリのものが結果的に生まれるかを前もって想定することができない。たとえば、「雪」と「トマト」を組合わせても、乗り物なのか、カメラなのか、何が生まれるかを前もって想定することができない。逆にいうと、目的や目標を厳密に与えすぎると、それが制約となってしまうため、性質の異なる要素的な知識や技術を自由に結びつけること（自由な思考）が難しくなる。デザインの意図を現状の延長線上にない革新的なプロダクトを構想することにおき、（本来の）シンセシスの効果を最大限に発揮したいのであれば、目的や目標は、あらかじめ与えることはせずに、そのプロセスのなかで見出されるようにするのが良いと考えられる。

5　構成的デザインと分析的デザインのプロセスモデル

前述の議論を踏まえ、イノベーションのためのデザインに関する二つのプロセスモデルを考える

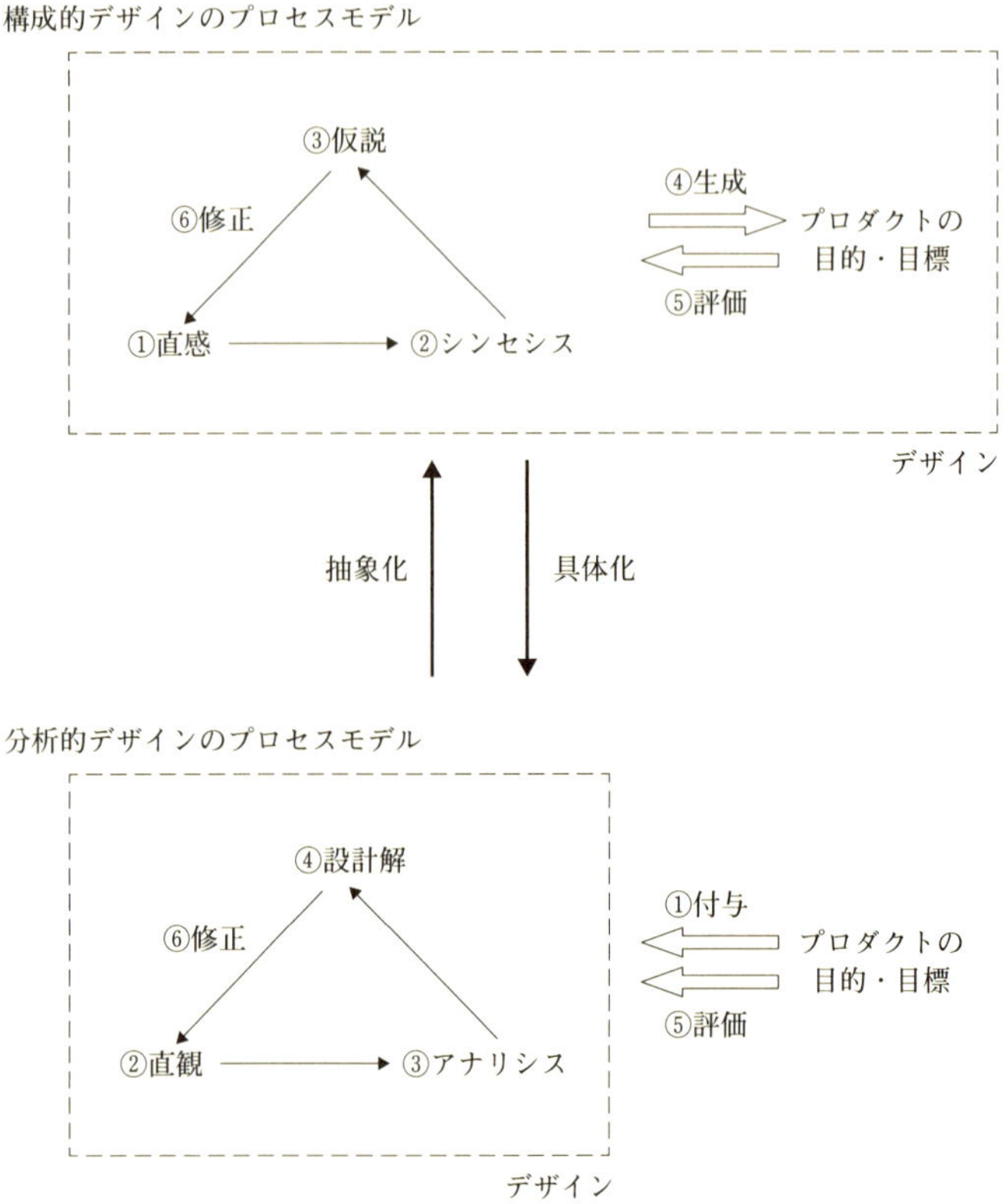

図4－4　イノベーションのためのデザインのプロセスモデル

ことができる（図4－4を参照のこと、なお、図中の番号は、以降の説明文中の番号に対応している）。

一つは、図4－4の下図に示すものである。はじめに①プロダクトの目的や目標がデザインの外部より与えられ、それにもとづいて②直観→③アナリシス→④設計解のプロセスからプロダクトのコンセプト（設計解の案）が生成され、続いて、それが目的や目標を満足しているか⑤評価され、必要に応じて⑥修正されるというサイクルを経て、最終的に、最適なコンセプト（設計解）に至るというプロセスモデルである。もう一つは、図4－4の上図に示すものである。①直感→②（本来の）シンセシス→③仮説のプロセスからデザインが始まり、次に④プロダクトの目的や目標が生成され、続いて、その観点からプロダクトのコンセプト（仮説の案）が⑤評価され、必要に応じて⑥修正されるというサイクルを経て、最終的に、未知のコンセプト（仮説）が発見されるというプロセスモデルである。本書では、前者を「分析的デザイン」[注9]、後者を「構成的デザイン」[注10]とよぶことにする。

「分析的デザイン」では、外部からあらかじめ与えられている（プロダクトの）目的や目標に照らして直観的（経験的）に定められた視点のもとに現状の問題点がアナリシス（分析）され、最適な設計解が求められる。これは、いわゆる問題解決型のデザインフローそのものである[21]。問題解決的に最適性を追求するデザインは、プロダクトの性能を向上させたりコストを削減することに有効なため、量的なイノベーションに寄与すると考えられる。

また、「分析的デザイン」における創造的思考は、第2章における固執解放型に類するといえよう。なぜならば、経験的につくられる先入観からの解放が「ひらめき」となって、分析的デザインの新たなアイデアを生むと考えられるからである。さらに、分析的デザインの全体（直観、アナリシス、設計解）も、第2章で参照したホンダジェットが例示するように、固執解放型の創造的思考に整合する。ホンダジェットは、従来の構造では機内のスペースが広くとれないという問題を解決する過程で得られた、エンジンを翼の上に配置するという「ひらめき」のもとに、そのアイデアを実現すべく厳密なシミュレーションを用いたアナリシスを繰り返し行った結果、最適な形状（設計解）が得られたといわれている。

ひるがえって、「構成的デザイン」では、デザインする者の直感から出発する。そして、直感にもとづいて、性質の異なるいくつかの要素的な知識や技術が結びつけられ（本来のシンセシスが行われ）、仮説がつくられる。逆にいうと、仮説は（本来の）シンセシスでつくられ、その源には直感があるということである。これは、「まず発見があり、そのあとで仮説がつくられる」というダガンの言説とも矛盾がない［4］。そうした関連づけのなかで、プロダクトの目的や目標がみえてくる。さらに、その過程で、プロダクトのみならず組織として取り組むべき新たなビジョン（目的や目標）が生みだされる［4］。

また、「構成的デザイン」での創造的思考は、その内容（直感、シンセシス、仮説）により、第2章におけるシンセシス型に類するといえよう。そうなると、前章までの議論から、質的イノベーションにつながった革新的なプロダクトの多くは、「構成的デザイン」により発案されたということができる。さらに、直感の源にあるとしている音叉のような共鳴器が、人間の感性の幅を広げるという点において質的イノベーションに関与すると考えられる。

なお、「分析的デザイン」と「構成的デザイン」との違いは、図4－4において、それぞれの要素（直観と直感、アナリシスとシンセシス、設計解と仮説）の違いに加えて次のように示されている。

まず、プロダクトの目的や目標を定めるプロセスがデザインの外にあるか内にあるかの違いは、プロダクトの目的や目標からの矢印の向き、および、デザインの範囲（点線で示されている）の違いとして表されている。

次に、「分析的デザイン」では外部から与えられたプロダクトの目的や目標を受けてデザインが始まるのに対して、「構成的デザイン」では、デザインする者の直感を頼りにデザインが始まるという違いは、順序を記す番号の差異として表現されている。

ところで、「分析的デザイン」と「構成的デザイン」を対比させて議論したのは、それらの特徴を誇張することで、イノベーションのためのデザインについてより深く理解するためであり、実際には、多くの場合、両者が混合していると思われる。たとえば、外部からプロダクトの目的や目標が与えられた直後にデザインする者の直感を頼りにシンセシスがなされたり、いくつかのアナリシス（分析）手法が直感的に組み合わされることもある。

ときに、「分析的デザイン」と「構成的デザイン」は互いに遷移可能な関係にある。『構成的デザイン」が唐突に始まることは稀であり、「分析的デザイン」を繰り返し行っているなかで、直感が育まれ、そこから新たな仮説（未知のコンセプト）がつくられることが多い。実際、第2章で紹介したゲイツとジョブズについても、はじめは、普通のパソコンの開発から始まっている。また、セレンディピティーとよばれている「思いがけない発見や発明」[25]も、このような遷移のプロセスとして説明できる。その典型例といわれているポストイットの開発事例は次のように解釈できる。より強力な接着剤を開発しているさなかに（分析的デザイン）、非常に接着力の弱い接着剤を作り出してしまった。この非常に接着力の弱い接着剤をしおりに組み合わせて（構成的デザイン）開発されたのがポストイットであるということである。このような「分析的デザイン」から「構成的デザイン」への遷移を、本書では、デザインプロセスの「抽象化[注12]」とよぶことにする。

かたや、直感からプロダクトのアイデアが構想されると、その過程でみえてきた目的や目標を受けて「分析的デザイン」が行われる。そこでは、それらの目的や目標の妥当性が検証され、そして、より良い性能や使いやすさを求めて、プロダクトの構造や形状が洗練される。こうした「構成的デザイン」から「分析的デザイン」への遷移を、本書では、デザインプロセスの「具体化」ということにする。デザインプロセスの「具体化」は、仮説としてのアイデアの妥当性を検証したり、プロダクトを商品化するためには不可欠である。

たまに、実際には「構成的デザイン」であったものが、後日、「後付け的」に「分析的デザイン」の枠組みを借りて説明されることがある。それは、ものごとを「分析的」に説明すると、一般的に説得力が高まるからである。たしかに、感性的な直感を信じたというよりは、経験にもとづく直観

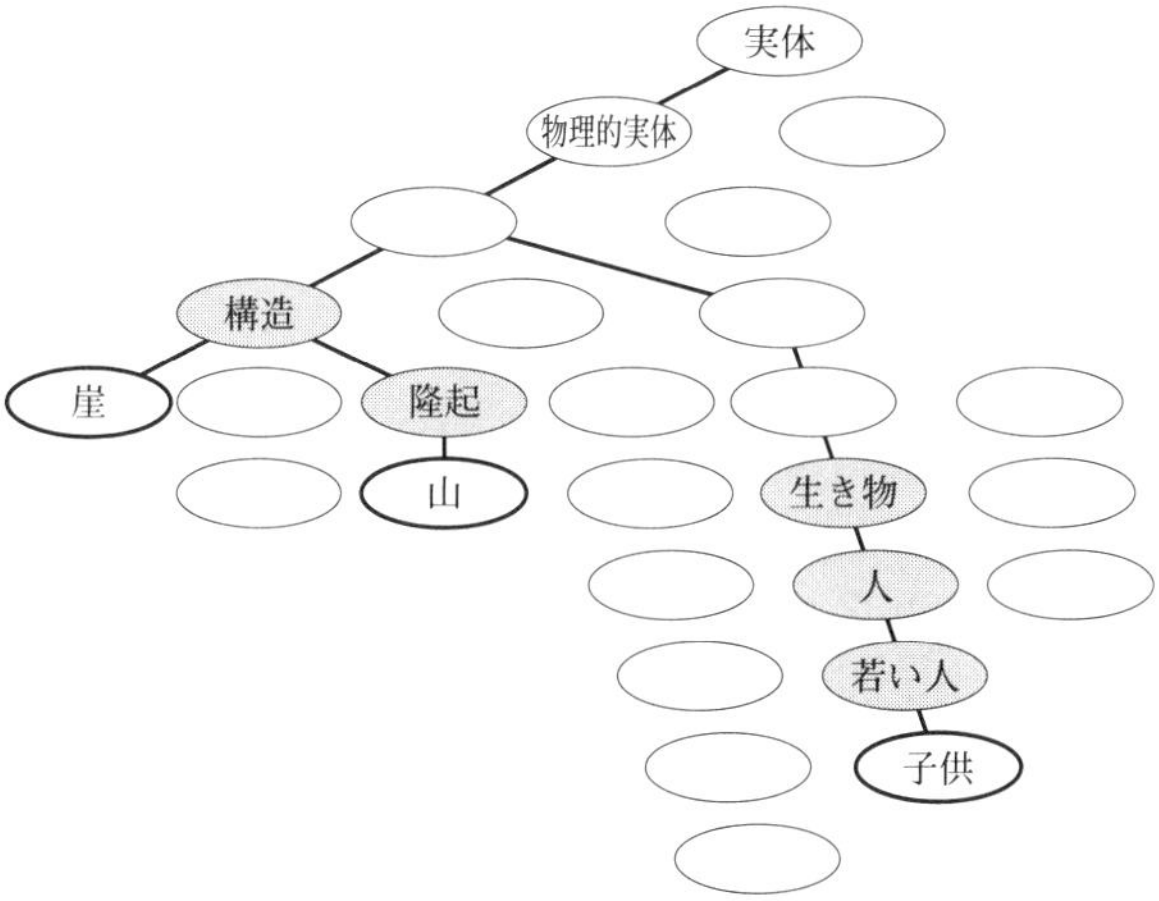

図４－５　概念辞書を用いて２つの語の間に存在する語を探索する方法

に頼ったという方が説得力があり、思いつくままに試行錯誤を繰り返しているうちに目的や目標が定まったというよりは、あらかじめ定められた目的や目標から解をアナリシス的（分析的）に求めたという方が信頼感のある説明となる。

補　遺

このシミュレーションでは、はじめに、組み合わせに用いた語（「船」と「ギター」）の一つとデザイン成果物を説明する語の一つの間をつなぐ経路上に存在可能な語を探索する。これをすべての組み合わせについて行う。そして、探索されたすべての経路を一つのネットワークにまとめる。二つの語の間に存在可能な語の探索には、概念辞書（具体的にはWordNet［26］）が用いられた。概念辞書とは、上位語と下位語の関係や連想関係など、単語間の意味的関係が記述されているものである。概念辞書を用いることにより、ある単語からそれとは異なる別の単語への概念の経路を探索することができる。図4－5に概念辞書を用いた経路探索のイメージを示す。たとえば、「崖」と「子供」の間には、「構造」や「人」などの語が存在している。

注

1　本章では、シンセシスは、（本来の）シンセシスを意味する。

2　本書では、後述するように、「直観」と「直感」を使い分けている。ジョブズのいう'intuition'は、本書のいうところの「直感」に近いと考え、このように表記した。

3　このシミュレーションでは、被験者が船とギターの二つの概念を組み合せて新しいコンセプトを生成するというデザイン実験について、船とギターの二つの語と、デザイン成果物を説明する語の集合（被験者に書かせた）の間を、語彙が階層的に整理されている概念辞書を用いて仮想的につなぎ、一つのネットワークにまとめた。その方法については、補遺で補足する。

4　このシミュレーションでは、被験者にいろいろなコップをみせてそこから連想された語（連想語）について、任意の二つの連想語の間を概念辞書を用いて仮想的につなぎ、それを一つのネットワークにまとめた。

5　第3章において、図3－3も重なりがあるようにみえるが、既存のカテゴリの亜種を求めている（乗り物の拡張になっている）ので、図3－4のように異なる性質が重なるものではない。

6　古典力学（ニュートン力学）を議論の対象としている。

7　この件については、数名の物理学者、哲学者、工学の研究者に問いかけてみたところ同意見であった。
8　意匠デザイナーの立場での意見である。
9　第2章5節で述べたように、(本来の)シンセシスに注目することを指して構成的という用語を使う。
10　両者の対比は、前書〔22〕における「分析的な概念生成」と「構成的な概念生成」、前書〔23〕における「Problem-driven phase」と「Inner sense-driven phase」、および、前稿〔24〕で述べた「分析的デザイン思考」と「構成的デザイン思考」に対応している。また、本書でいう直感は、〔22〕で議論した内的動機や〔23〕で議論したinner senseを含むものである。
11　図4－4下図の⑥のステップで起きると考える。
12　抽象化については、第5章で詳しく述べる。

第5章　構成的デザインのための思考力

本章では、「構成的デザイン」を実際に行うためには、どのような知識ないし能力が求められるかを検討する。はじめに、いわゆる知識ではなく能力としての思考力（本章では、これを「構成的思考力」とよぶ）が必要なことを指摘する。つぎに、その思考力とは広い意味での抽象を操る能力であると述べる。続いて、その思考力を獲得する方法として、先人の「設計思想」を学ぶことと、「知的な基本動作」を鍛錬することを提案する。

1　なぜ「構成的思考力」なのか

若干唐突ではあるが、中学校ないし高等学校での授業の形態を思い出してみよう。数学や理科

（物理や化学）は、教科書を中心に学ぶ。そして、必要に応じて、練習問題を解いたり、実験を行う。一方で、体育や芸術や音楽などは、実技が中心である。やってみるということを通して、学んでいく。さて、デザインはどちらのタイプであろうか。色彩やカタチのデザインについては後者であり、飛行機の設計などは前者ではないか、と思う人が多いだろう。では、前章で述べた「分析的デザイン」や「構成的デザイン」はどうだろうか。筆者は、前者は数学や理科のように学べるが、後者についでは、新たな方法が必要だと考えている。つまり、体育や芸術や音楽のようではあるが、単純にそのようにとらえてしまうと、本質を学び損なう可能性があるということである。本節では、デザインを行うために必要な知識や能力を検討するための道筋を示したい。

はじめに、比較の対象として、物理現象を理解することについて考えてみよう。人類は、今日まで、物理現象を説明するための知識を探し求めてきた。その知識は自然法則とよばれる。自然法則の知識[注1]を用いると、かなり複雑な物理現象でも説明できる。さらに、説明するだけでなく、これからどのような現象が生じるのかを予測できる。気象がその例である。最近では、いとも正確に予測している。これはどういうことなのだろうか。自然法則は、実際の物理現象を一般化[注2]して得られる。その知識（自然法則）が極めて強力な説明力を有しており、かつ、時間項を含む微分方程式で記述されているために、時間経過に伴って状態が変化する様子をコンピュータの中に再現できるのである。ところが、その説明力があまりに強力なために、物理現象が自然法則によって支配されているとまでにいわれることがある。しかし、そのようなことはない。自然法則は、あくまでも物理現象

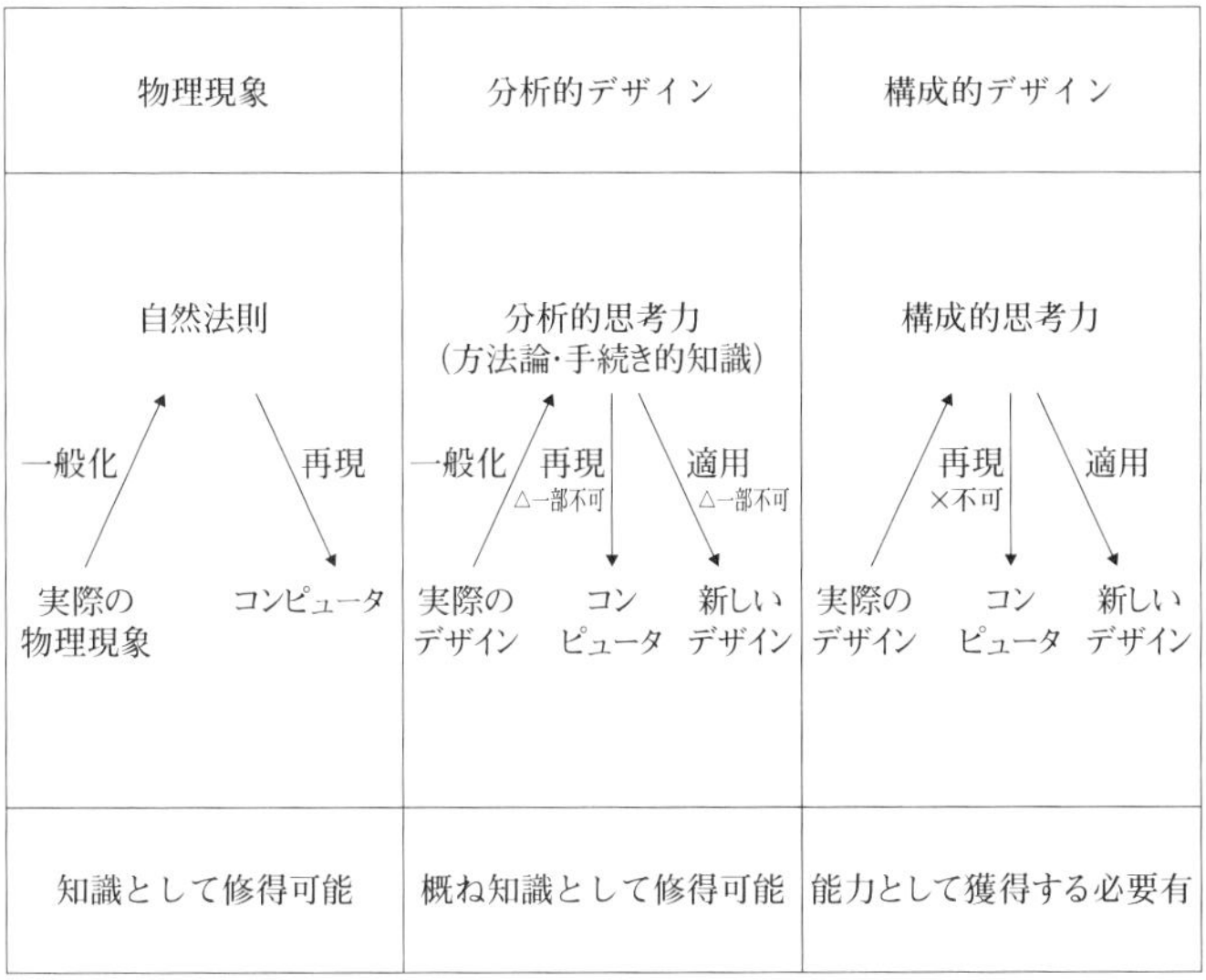

図5－1　分析的思考力と構成的思考力

を説明するための知識であり、それ以上のものではない。これまでに幾度となく再現性を伴って物理現象を正確に説明し予測してきたので、これからも同じ様にできるだろうと信じているだけである。また、真実といういい方も不適切である。自然科学が客観的であるというのも誤解を招く。一般性が高く検証がしやすいという特性において客観的であるとはいえようが、実在しないであろう仮定のパラメータを用いることもある一つの考え方に過ぎないという点においては主観的である。なお、このような自然法則の知識は教科書から学ぶことができる。つまるところ、物理現象と自然法則の関係は図5－1（左）のように書くことができる。

では、デザインはどうであろうか。筆者

は、分析的デザインと構成的デザインでは様相が全く異なると考える。はじめに、分析的デザインについて考えてみよう。我々は、問題をアナリシス（分析）する知識を数多く持ち合わせている。構造物が壊れたら、その原因を調べることができる。最適な解を求める手法も知っている。それらの多くはコンピュータで計算できるようになっている。これを、前述の自然法則に関する議論に対応させてみよう。実際の物理現象には、実際のデザインが対応するだろう。そうすると、自然法則には、デザインの方法論ないし手続き的知識が対応すると考えられる（図５－１（中央））。手続き的知識とは、プロセスを進めるための手順を記したものであり、マニュアル的なものからきちんとしたフローチャートに書かれたものまである。かりに、フローチャートに書かれていればコンピュータに実装可能である。また、手続き的な知識で書かれていれば、他のデザインにも適用することができる。それは、自然法則の微分方程式を解く為の知識を知っていれば、これまでにない現象を説明したり予測できるのと同じである。そして、その知識は基本的には教科書より学ぶことができる。前章で述べたように、分析的デザインでは、経験的な直観から定められた視点でアナリシスが行われ、設計解が求められる。そのプロセスは、ほぼ手続き的な知識にまとめることができる。ただし、デザインのアイデアが生まれるプロセスだけはそれが難しい。たとえば、第2章で紹介したホンダジェットの開発で、エンジンを翼の上に配置するという「ひらめき」を得たプロセスは、手続き的に書き下すことはほぼ不可能であろうし、かりにできたとしても、その手順は後付け的で個別的な説明になってしまい、それを読んだ者が他のデザインに応用するのは難しい。本書では、分析的デザインのためのこうした手続き的知識やひらめきの全体を「分析的思考力」ということにする。

ひるがえって、「構成的デザイン」はどうであろうか。構成的デザインとは、感性的な直感のもとにシンセシスが行われ仮説が生成されるプロセスである。前章で、直感は「音叉のような共鳴器」のような仕組みにその原理があるのではないかという考えを示した。また、シンセシスのプロセスのモデル化を試みた。さらに、そもそも仮説とはなにかについても議論した。こうした考察や議論を通して、構成的デザインの性状は、多少は明らかにできただろう。しかるに、それ以上分解するのは難しいように思える。また、そのプロセスを他のデザインに適用可能なように手続き的に記すこともできないだろう。そこで、本書では、構成的デザインの源にありそれを駆動するための、これ以上分解不可能な総体を「構成的思考力」とよぶことにする（図5－1（右））。構成的思考力は、自然法則や分析的デザインにおける方法論（手続き的知識）とは異なり、それを知識として学べるものではない。いわゆる「能力」のようなものである。その能力は、コンピュータに再現することはできないが、一旦身に付けると、新しいデザインに適用することは可能である。

2　構成的思考力とは広い意味での抽象を操る能力である

前節で示した「構成的思考力」とはどのようなものであり、どのようにすれば身に付くだろうか。

一言でいうならば、広い意味での抽象を操る（つくって、操作する）能力であると考える。「広い意味」というのは、第3章で述べた「捨象」としての抽象に加えて、「抽象画」における抽象や、「虚数」[注3]および力学の「力」のような抽象も含めるからである。これらを本書では、順に、第一の抽象、第二の抽象、第三の抽象[注4]とよぶことにする。

第一の抽象は、ある性質をとり出す捨象のことである。たとえば、実際の顔の特徴を描いた似顔絵がこれに該当する。この抽象は、4節で述べるように、それを演算することによって新たな概念をつくることができる。そのため、デザインの「いまだ存在していない新しいものをつくる」という本質的な使命に寄与する。たしかに、第3章で述べたシンセシスのモデルでは、抽象概念が演算により組み合わされている。

第二の抽象について考えてみよう。抽象画における抽象とは何であろうか。実物の特徴を描いたものでないとはいえよう。この問いに一般的に答えることはできないとしても、本書の文脈からは、心を響かせるなにかを描いたものであるとはいえないだろうか。とすれば、直感と極めて近いということになる。かたや、4節で後述するように、心象や意識に関わる概念を取扱うという意味においては、「ことば」の役割も重要である。なかんずく、「みらい」は、ことばでしか表現できない極めて抽象度の高い概念である。こうした第二の抽象は、「直感」や「みらい」という意識や概念にアプローチし、デザインの本質である「デザインとは未来を考えることである」という命題に正面から向き合うことを可能にする。

　第三の抽象は、仮想的な概念のことである。たとえば、虚数は負の数の平方根であるが、現実世界においてそれに対応するものはない。正の数の平方根の考え方を、仮想的に負の数まで延長して人為的につくられたものである。また、我々が物理で習う「力」も同じである。第4章で述べたように、力学における「力」は、実在しないであろう仮定のパラメータといってよい。虚数と異なり、「力」は我々が日常的につかう概念であり、たとえば実際にものを押すときには負荷を感じるので、我々の感覚と全くかけ離れたものではないが、やはり、仮定なのである。そうではあるが、4節で後述するように、虚数や力などがつくる数学的な抽象の世界は、一般性や説明力が高いという点において本質的なのである。そのうえ、制御工学や流体工学などでは、物理現象を予測するための基礎知識として実際に活用される。現実に、気象を予測したり飛行機が飛行する状態をシミュレーションできるのは、説明能力の極めて高い力学の抽象の世界を用いるからである。なお、こうした知識は、物理現象をアナリシス（分析）する際にも有用である。

　力学のようなすでに出来上がっている「仮説」を使いこなすための能力に加えて、構成的思考力には、革新的なプロダクトを（真の）仮説（説明仮説ないし作業仮説）としてつくる能力も必要である。このような能力は、「時間を先取りする能力」ということもできる。というのは、幾何学の補助線のように、それが有用かどうかはその先のプロセスまで進んでみないと分からないからである。それが前もって分かるということは、あたかも時間を先取りしているようにみえる。筆者は、時間の先取りに関するある種の課題は、空間的な課題に置換えることができると考えている[2]。この

構成的デザイン
- 直感 …… 第２の抽象（抽象画）
- シンセシス …… 第１の抽象（捨象）
- 仮説 …… 第３の抽象（仮想の概念・時間の先取り）

→ 広い意味での抽象を操る能力

図５－２　構成的デザインと広い意味での抽象を操る能力との関係

置き換えは、抽象をつくる操作ということができよう。

ところで、第4章5節において、「分析的デザイン」から「構成的デザイン」へ遷移することを「抽象化」とよんだ。説明が前後するが、それは、構成的デザインの主たる要素である「直感」と「シンセシス」と「仮説」の全てが、それぞれ、第二の抽象、第一の抽象、第三の抽象に関係しているからである。

本節で議論したことをまとめると、構成的デザインの求める思考力とは、第一、第二、第三の抽象を操る能力を束ねたものであるという結論に至る（図５－２）。

3　構成的思考力はどうすれば身に付くか

構成的デザインに必要な思考力、すなわち構成的思考力、はどうすれば身に付くだろうか。能力であるから、教科書を読むだけでは身に付かない。このことに限っては、体育や芸術や音楽などと同じである。ただし、身体的な動作を伴う能力ではなく、抽象を操るための極めて高度の知的能力であることに留意しなければならない。

技能的な「能力」の体得については、ポラニーが提唱している「暗黙知」という考え方が参考になる[注5]。ポラニーは、「我々は語ることができるより多くのことを知ることができる」との言説から議論を展開し、「暗黙知を獲得するためには、その能力を有する人の足跡を能動的にたどる、あるいは、経験を能動的に共有することを通じて内面化すればよい」という考え方を示している［3］。

では、抽象を操る能力について、その能力を有する人の足跡を能動的にたどる、あるいは、経験を能動的に共有するためには、具体的にはどのようなことをすればよいのだろうか。その一つとして、筆者は、いわゆる「設計思想」に注目している。設計思想には、設計者の考え方が投影されている。そのため、それを知ることで、設計者の内面に近づくことができると考えられる。こうしたことから、筆者は、先人の足跡をたどる方法として、「設計思想」を学ぶことを提案する。詳細は、第6章で述べる。

また、体育や芸術や音楽などと同じように、基本動作を鍛錬することも必要である。ただし、身体的な動作を伴う鍛錬ではなく、知力の鍛錬である。筆者らは、そのために、一つの教育方法を提案している。詳細は、第7章で述べる。

4　抽象を操るとは何をすることなのか

本節では、抽象を操るとはどういうことなのか、そしてそれが分かるとはどういうことなのか、さらに掘り下げて考える。若干込み入った議論になるので、スキップしていただいても構わない。

◆抽象を操るとは世界を広げ本質にせまることである

結論からいうと、デザインにおいて抽象を操るとは、現実から世界を広げて本質にせまることではないだろうか。

再び、第一の抽象について考えてみよう。捨象をすると、情報が削られるために世界が狭くなるように思えるが、一方では、そもそも捨象するということは本質を抽出することであるということもできる。また、捨象して得られた概念を演算（組み合わせる）すると、デザインの本質的な使命である「新しい概念をつくる」ことができる。このことを示すために、次に、吉川の考え方を紹介する[4]（図５－３）。

人間が、新鮮な肉、乾いた肉、くさった肉の三種類の肉があるということを知ったとき、まず、これが食べられるか否かということを認識するだろう。そして、「食べられるもの」と「食べられないもの」という抽象概念が発生する。ところが、くさった肉と乾いた肉をみたときに、時間がたてば変化するものとそうでないものがあることも認識するだろう。そうすると、「変化するもの」と「変化しないもの」という抽象概念が発生する。このように、抽象概念は、同じ対象集合に対していくつかのカテゴリをつくりうることが理解される。このようにして、異なるカテゴリを多くつくっていくと、カテゴリの論理関係で現実世界を指示することができるようになる。いまは実体が

[実　　体]

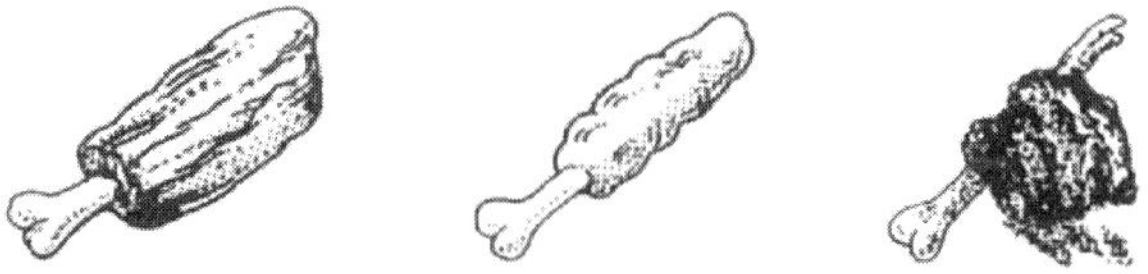

新鮮な肉 s_1　　乾いた肉 s_2　　くさった肉 s_3

[抽象概念]

$\{s_1, s_3\} = t_1$ (時間とともに変化するもの)
$\{s_2, s_3\} = t_2$ (食べられないもの)

[論理操作]

$t_1 \wedge t_2$ (変化し食べられない)　$= s_3$ (くさった肉)
$\overline{t_1} \wedge t_2$ (変化せず食べられない)　$= s_2$ (乾いた肉)
$t_1 \wedge \overline{t_2}$ (変化し食べられる)　$= s_1$ (新鮮な肉)
（以上3行：現実世界）
$\overline{t_1} \wedge \overline{t_2}$ (変化せず食べられる)　$=$ ？？？

[デザイン]

$\overline{t_1} \wedge \overline{t_2} \longrightarrow s_4$
(新しい概念)

$s_4 =$

図5-3　抽象概念の組み合わせによる新しい概念の生成（[4] を改変）

三種類しか存在しないが、このように二種類のカテゴリを導入したことで、世界は四つに区分される。こうすると現実世界では存在しない「変化せずかつ食べられるもの」を抽象世界では指示できる。この「変化せずかつ食べられるもの」は、昔は現実世界になかった。しかしながら、頭のなかではできてしまう。すなわち、頭のなかが現実世界より広くなる。人間が知っている現実体験よりも、こういう抽象概念を導入することによって、より豊富な概念系を頭のなかに生成することができるのである。

では、第二の抽象はどうだろうか。前述のように、抽象画とは心を響かせる何かを描いたものであるとすると、明らかに、描く対象の世界は広くなっている。また、人間の内面にせまるという意味において本質的である。

意識や心象に関わる概念を取扱うということにおいては、「ことば」の役割も重要である。たとえば、我々は、ごく普通に「あした」ということばをつかう。そして分かった気になる。けれども、よく考えてみると、「あした」というものはどこにもないのである。[注6] 指し示すものがないのである。カレンダの明日のところを指差せば「あした」を指し示したことになるではないかと思うかもしれないが、それは、「あした」ということばをカレンダに置換えただけである。つまり、カレンダもことばの一種であり、「あした」そのものを指し示したことにはならない。対して、「きのう」については、心のなかに「記憶」として存在すると考えることができる。「いま」は、なにかを知覚している状態をもって、それを「いま」ということはできよう。さりとて、繰り返しになるが、「あした」はどこにもないのである。我々が毎日生活しているなかで、繰り返し、次の日を迎えてきたので、その記憶の鏡像として、「あした」があるように信じているだけである。このように、ことばを使うことで、我々は、意識や心象に関わる概念を取扱うことができる。よく、画像やスケッチの空間的表現と、ことばによる表現とではどちらが豊かな表現かという問いを聞くことがある。たとえば、道順などは、地図で示す方が格段に便利である。また、カタチや色も同じである。それをことばで説明しようとすると大変であり、効率が悪い。であるからといって、デザインする際には、ことばよりはスケッチを利用するのがよい、というのは乱暴な議論である。いかにも、「あしたの生活」の様子や「あしたの東京」の姿は絵に描くことができるが、「あした」という概念そのものは絵に書くことができないのである。デザインは未来を語る。そして、いまだ存在しないものを構想する。そのためには、「ことば」が重要な役割を演じるはずである。

次に、第三の抽象について考えてみよう。前述のように、虚数を用いて記述される複素平面は、完全に人為的につくられた数学的な世界である。その意味において、我々が知っている世界を広げている。力学で習う「力」も同じである。虚数と異なり「力」は我々が日常的につかう概念であり、部分的には、現実世界と整合しているが、基本的には現実世界とは別の世界である。実は、現実世界で経験的に（感覚的に）物体の運動をとらえようとすると間違う。その例として、文献［7］で紹介されている課題を紹介したい（図5－4）。この課題は、「AとBの二つの状態について、同じように動くか、それとも異なった動きをするか。また、異なるとすると、どちらが速く進むようにな

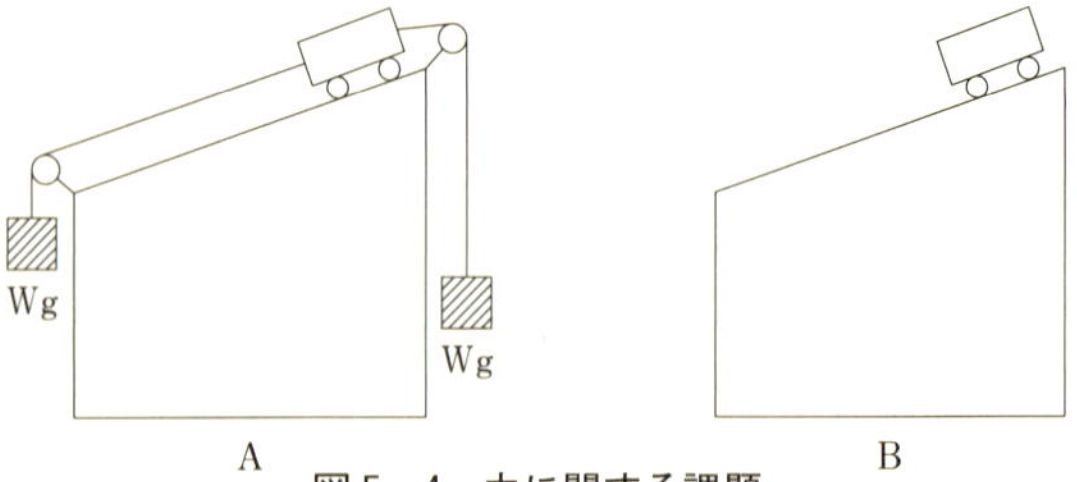

図５－４　力に関する課題

るか、理由とともに答えよ」というものである。

この課題については、大学院の講義で二度学生に解かせたことがあるが、ほぼ全員が間違えた。それは、感覚的に考えようとするからである。双方におもりをつけてもそれらは相殺されるので、速さは変わらないのではないか、と思うのである。筆者も最初はそう思った。ここで、力学の式をたてて解けば、Bの方が速いという結果が簡単に得られる。たてた式より、図に戻って考察してみると、全体を引っ張る力は同じ（台車に懸かる重力）であるにも関わらず、それが動かす対象が異なっている（Aの方が2Wg分だけ重い）と考えればよいことに気づく。つまり、（誤解のある表現かもしれないが）深く考えずに、運動方程式をたてて、解けばよいのである。この例から分かるように、力学の空間とは、現実世界とは全く無関係ではないが、現実世界だけを観察していても予想し難いことを一般的にしてかつ正確に予想するということにおいて、現実世界より広く本質的な世界であるといえよう。

◆抽象の世界が分かるとはどういうことか

では、抽象の世界が分かる[注7]とはどういうことなのだろうか。

第一の抽象については、まずは、現実世界が分類できるということではないだろうか。捨象により抽出された特徴を利用することで、現実世界を分類できる。人間は、分類できると分かった気になる。日本語では、「分かる（理解する）」と「分ける（区別する）」が同じ文字を用いているのは、このことを示唆しているように思える。ところが、第3章で述べたことに関連するが、おなじ「分かる」でも、ものごとの共通性（類似性）に注目して分かることと、違い（差異性）に注目して分かることでは、シンセシスの観点からは根本的に違うことに留意しなければならない。（本来の）シンセシスには、後者が深く関わっているのである[2]。異なる性質の抽象概念を組み合わせることで新しい概念をつくることができるというシンセシスの根本原理を知ると、さらに分かった気になるのではないだろうか。

第二の抽象については、心が響くという感覚を実感できることであろう。他の人と同じように響いていると感じることがあると、さらに、分かった気になると思われる。

第三の抽象については、まずは、仮想の世界でものごとを考えることができるようになったときではないだろうか。具体的には、仮想の世界内での整合性（つじつまが合っている）が確認できたときや手続きに納得したときであろう。力学でいえば、釣り合いの式や運動方程式をたてるための手続きに納得し、それを実行できるようになったときである。ひらたくいえば、力学の問題を解けるようになったときである。ただし、構成的思考力という観点からは、仮想の世界と現実の世界の間の対応関係を理解することが切要であり、それができたときに、分かったといってよいだろう。

つまり、仮想の世界と現実の世界は、相互に全く無関係ではないが、であるからといって完全に対応はせず、部分的に対応するということを理解できたときである。力学でいえば、「力」とは実在しないであろう仮定のパラメータであると承知した上で実際の現象をモデル化し、その結果得られた解が現実世界と整合することを確認できたときである。図5－4の課題についていえば、実験を行い、たしかに、Bの方が速いということを確認するようなことである。

注

1　筆者らは、自然法則のデータベース化を試みたことがある〔1〕。その結果、今までに知られている自然法則の全体が知識として体系化できるとの見通しを得ている。

2　第4章3節で述べたように、本書では、自然法則は、仮説ととらえている。したがって、ここでの一般化は、アブダクションとインダクションを含む。

3　たとえば $\sqrt{-1}$ のように負の数の平方根のことである。

4　前書〔2〕では、第一と第二の抽象について示したが、それに第三の抽象を加えた。本書では、科学技術を社会につなぐというデザインが主題であるので、その基本的知識である自然科学の多くが抽象であることを正確に理解し取扱うことも必要と考えるからである。

5　デザインにおける思考と暗黙知との関係については、拙著〔2〕でも議論している。

6　「時間とは何か」という問いについては哲学的に議論されている〔たとえば、5、6〕。

7　「分かるとは何か」という問いについては、いくつかの言説がある〔たとえば、7、8、9〕。

第6章　設計思想から学ぶ――構成的思考力を獲得する方法（その1）

革新的なプロダクトについては、その有りようだけでなく「設計思想[注1]」が語られることが多い。とはいえ、「設計思想」そのものの定義や内容については、議論されたことがあまりないのではないだろうか。そこで、本章では、そもそも「設計思想とはなにか」を明らかにすることを試みる。前章において、構成的デザインの思考力を先人の設計思想から学ぶという考え方を示したが、それに限らず、本章では、設計思想に着目することが全てのデザイン（設計）に有用であると広く構え、一般論として議論する。はじめに、「なぜ設計には思想が必要か」提起をし、「設計思想とはどのようなものなのか」、続いて「設計思想の課題は何か」という問いについて、事例を参照しながら考えていく。

１　なぜ設計には思想が必要か

昨今では、自動車の設計思想や建築の設計思想のようないい方だけでなく、組織の設計思想［1］や条例の設計思想［2］など、「設計思想」という用語が広く使われるようになってきている。そして、「設計思想が良い」もしくは「設計思想がない」という表現を耳にすることが多い。これは、「設計思想」という概念に、我々の注意を引くなにかがあるからであろう。本節では、なぜ設計には思想が必要なのかを考えてみたい。

◆プロダクトはその意味が問われるから

設計はそもそも今までに存在していないものをつくりあげる。まさに、そのこと自体が思想を必要とする。それは、設計することへの意味づけが求められるからである。そうでないと、無意味なプロダクトが世にあふれることになる。もし、資源が無尽蔵にあり、環境破壊を気にする必要がなく、つくったものが全て使用されるような状況であれば、とにかくつくってみるということが許されるだろうが、現状はそうではない。そのため、プロダクトをつくるに先立って、つくられるものが社会においてどのような意味を呈するかを明らかにする必要がある。自動車を例に考えてみよう。自動車は、人間や荷物を運搬するという機能に加えて、乗り心地を楽しむ、さらには、クラシックカーのように趣味の対象となることがある。また、事故を起こす危険な乗り物であり、自然環境に与える負荷も大きい。これらは、全て自動車の意味である。自動車の意味は、ユーザが付けることもあるが、設計思想から読み取られることが多い。ユーザは、しばしば、直接ないし間接に伝えられる設計思想をみて、プロダクトを評価する。そして、プロダクトに設計思想の感じ取れない場合は、魅力や社会性に欠けるとみなされることがある。

すなわち、自動車に限らずプロダクトをデザインする際には、どのような意味を込めるのか前もって幅広く検討し、その結果は「コンセプト（設計思想）」としてユーザにきちんと示されるべきであろう。

◆科学技術が極めて深刻な被害をもたらす可能性があるから

原子力発電や遺伝子組み替え技術に代表される最近の先端的な科学技術は、取り返しのつかないほど甚大な損害を社会に与える可能性がある。そのため、これらのプロダクトは、覚悟して使用することになる。さりとて、我々はいままでにあらかじめ覚悟を決めてプロダクトを使用したことがあっただろうか。再び、自動車について考えてみよう。自動車は便利なものだが、同時に、多くの事故を引き起こす危険なものでもある。では、我々が覚悟してそのような自動車を使い始めたかといえば決してそうではない。これまでに、自動車を使用し、かたや、起きてしまった事故を反省する、というサイクルをくり返すなかで、事故から被る損害を補償する制度が整備されたり、自動車の効用が体感されたりした結果、いつのまにか受け入れている（ように見える）ということではないのだろうか。

ところが、先端的な科学技術やそのプロダクトは、危険性があまりに高いために、事故の起きることが絶対に許されないことがある。事故が許されないということは、プロダクトの危険性を実感する機会がないということである。人間は、体験したことのない危険について、それを補償するための制度を前もって整備したり、受容するための覚悟ができるだろうか。

それは至って難しいことであるが、将来にどうしてもあらかじめ覚悟を決めなければならないことがあるならば、そのときには設計思想が極めて重要な判断材料になると考えられる。

◆科学技術が後世に負担をかける可能性があるから

原子力発電は、数十万年に渡り後世に負担をかける。一方で、火力発電所が後世に及ぼす負担も極めて深刻である。一旦大気中に拡散した二酸化炭素は、回収することがほぼ不可能である。千年後の社会において、果たして、集中管理された放射性廃棄物が残されるのと、拡散した二酸化炭素が残されるのでは、どちらを良しとするであろうか。その時点では、二酸化炭素の回収技術よりも、放射性廃棄物を処理する技術の方が格段に進んでいる可能性もある。我々は、科学技術の進歩をどのように読み、プロダクトをどのように設計したのか、まさしく、その思想をきちんと明らかにし、後世に残すべきであろう。

◆現代の設計はみえないものを取り扱うから

人間は、医療機器や原子力発電所のように、みえない物理現象で作動するプロダクトについて不安を抱く。また、風の色というような表現から連想が誘導されるのと同じように、感性を刺激するプロダクトに魅力を感じることがある。では、設計における「みえないもの」とは、どのようなものなのだろうか。筆者らは、みえないものを「視認できないもの」に限定せず、一般化して解釈することで設計における創造性により深く迫ることができると考えている[3]。そして、設計における「みえないもの」を次のように整理している。

（1）いわゆる「隠れている」ものである。たとえば、あるプラネタリウムが裸眼では視認できない程暗い星を映していたり[4]、スティーブ・ジョブズが外からは確認できないケースの内側の配線の有りよう（美しさ）にまでこだわったといわれているようなことである[5]。

（2）いわゆる「未顕在」のものである。たとえば、長期にわたり使用することで生じる風合いのようなものである。

（3）いわゆる「感性」に類するものである。本書でいうところの「音叉のような共鳴器」はみえない。

（4）いわゆる「仮想」に類するものである。「時間」や「虚数」などの抽象概念はみえない。また、自然法則に関する一部の物理量は、仮定のパラメータであるためにみえない。

（5）いわゆる「見えない」ものである。たとえば、「風」は見えない。

「みえないもの」の特性により、その効用は客観的にとらえることが難しい。そのため、それを設計に取り込む際には、設計者の考え方が重要な役割を演じる。逆にいうと、設計思想なくしては、「みえないもの」は設計できないと考えられる。

◆そもそも設計のプロセスが不確定的であるから

設計になぜ思想が必要かという問いを考えるためには、そもそも、設計とは何をすることなのか議論する必要がある。工学的には、設計[注2]とは、ある前提条件のもとに、ある要求（仕様）を満たすプロダクトの一ついしいくつかの構造や形状を考案し、図面に記すこと、ということであろうが、その本質は簡単ではない。そもそも、設計で行える範囲が、ある「限定された」前提条件のもとに、ある要求を満たすプロダクトの構造や形状を指定することに限られているのである。

そして、「限定された」前提条件とは、次の点において「不確定的」である。一つは、設計では、現実世界からその一部分が切り取れると仮定していることである。たとえば、ある条件下では想定通りに作動するとか、前もって定められた手順によってプロダクトが操作されると決め込むようなことである。もう一つは、その一部分の現実世界が完全に記述できるとしていることである。現実世界を説明するための物理パラメータの数は多く、しかも、それらの相互作用まで含めると現実世界の一部分を正確に切り取ることはほぼ不可能であり、また仮に一部分であっても現実世界を正確に記述することはできない。まして、人間の行動を限定することはできない。そのため、現実世界は、不確定的に限定されることになる。さらに、かりに前提条件が定められたとしても、設計解は、そこから一意には決まらず、ほぼ無数に存在する。しかも、設計解がいまだ世の中に存在しない新規のものである場合には、その振る舞いを正確に推定することができない。そして、つくられたプロダクトは、必ず、予期せぬ振る舞いをする[6]。このことは、設計解もその意味において「不確定的」であるということである。このように、設計の前提条件といわれるものが、実は、きわめて不正確なものであるということ、そして、かりに前提条件が正確に定められたとしても、要求を満たす設計解は一意には定まらない（ディダクティブに定まらない）こと、さらに、設計されたプロダクトが予期せぬ振る舞いをするということにおいて、設計のプロセスは不確定的であるということができる。

設計の不確定性は、プロダクトの改良を重ねれば小さくできるが、一方で、改良を加えると、新たな不確定性が発生することもあり、つまり、設計は永遠に完結しない。そのため、あるプロダクトを設計する根拠は希薄なものとなる。例に、航空機をみてみよう。第2章で紹介したホンダジェットは、エンジンを翼の上に配置するという従来の常識を覆すような構造を採用した。航空機は、これまで幾多の事故を経験し、改良を加えることにより、ほぼ最適な形状に達していると思われていた。いまさら、このように根本的に斬新な構造がありえるのか、と多くの人が驚いたのではないだろうか。ホンダジェットの例は、前提条件が定められたとしても、それを満たす設計解は一意には定まらない（未知の解が永遠に在り続ける）ことを如実に物語ったものといえよう。また、航空機の操縦方法については、瞬間的にどのような回避行動をとるべきかというような極限状態に対する考え方が分かれている。ボーイング社はパイロットの制御を優先するのに対して、エアバス社では、人為的ミスを防止する観点からコンピュータの制御を優先している［7］。このように、極めて根本的なことに関して、設計の考え方が統一されていないのである。これも、驚くべきことであろう。人間の行動は限定できないことを物語る典型的な例といえよう。

つまるところ、設計のプロセスが本質的に不確定的であることより、何らかの方向性を設計に与えるものとして思想がその役割を担うと考えられる。そもそも、思想なくしては、設計はできないといえよう。

2　設計思想とは何か

◆設計思想の定義

「思想」とは、「人がもつ、生きる世界や生き方についての根本的な考え方でその人の生き方・考え方を規定する。社会的・政治的な性格をもつものをいう場合が多い」［8］という釈義を参考に、

表6－1　設計思想の分類

異常時	平常時		
	製造時	使用時	使用後
フェイルセイフ 航空機の操縦方法	3Dプリンタ	零戦 ホンダジェット	生分解性プラスティック やわらかく壊れる建物

「設計思想とは、プロダクトを設計する際に意識する理念」と定める。ここで、「理念」とは、プロダクトのあるべき姿に関するものであり、プロダクトの特徴として現れる。たとえば、「こだわり」といわれるものや、設計に対する要求や実現方法の選択における優先順位づけ（めりはり）である。前者の例としては、みえないところにこだわる設計が挙げられる。裸眼では視認できない程暗い星を映し出すプラネタリウムや、スティーブ・ジョブズが外からは見えないケースの内側の配線の有りようにまでこだわったといわれているようなことである。後者の例としては、極端に攻撃性能を重視し、防御を疎かにした零戦などが挙げられよう〔9〕。

◆設計思想の分類

「設計思想」は、それの反映されるプロダクトの状態の違いにより「平常時に関する設計思想」と「異常時に関する設計思想」に区分される（表6－1）。

ホンダジェット[注3]の設計思想は前者に類するものであり、フェイルセイフは後者に類するものである。さらに、前者は、「製造時」「使用時」「使用後」に分けられる。「製造時」に関与するものとしては、3Dプリンタの発達と普及に起因する新たな設計思想があり（次節で述べる）、「使用時」に関与する設計思想の例としては前述の零戦やホンダジェット[注4]が該当し、「使用後」に関与する設計思想の例としては生分解性プラスティックとやわらかく壊れる建物（次節で述べる）が挙げられる。

3　設計思想はどこからくるのか

◆設計思想は設計の動機からくる

設計を行う「理由」を設計の「動機」とよぼう（動機については、第8章2節で再度議論する）。設計の動機とは、プロダクトに対する、いわゆるニーズや設計要求や仕様のことではない。また、個々の設計者が組織や設計の発注者から受けとる対価のことでもない。なぜニーズが生じたのか、なぜそれが要求や仕様なのか、なぜそのような対価が支払われるのか、というような問いへの答えである[6]。まさしく、「なぜ人間はデザインするのか」という根本的な問いへ答えるものであり、デザインの背後にあって、それを起動し駆動するものである。現に、革新的なプロダクトの設計思想には、動機が強く働いていると思われる。なお、ここでいうところの動機は、いわゆるモチベーションとは異なる。モチベーションは「やる気」のことであるが、動機は「理由」である。たとえば、洗濯機を設計するモチベーションとは、洗濯を手作業で行っている現場をみて設計するモチベーションが高まったというようないい方をするものであるが、洗濯機を設計する動機とは、これまで手作業で行っていた洗濯の労働を軽くしたいというような設計の根拠を指す。

設計を行う一つの動機として、社会に外在している問題を解決したいという意識が考えられる。これを外的動機とよぼう。これまで手作業で行っていた洗濯の労働の負荷（問題）を軽くする（解決する）ために洗濯機を設計するというのは外的動機である。実際、設計のプロセスについて今日までに提案されているモデルの多くは、問題解決の枠組みのなかでとらえられている。いわゆる問題解決の場面では、自然災害や事故といった不幸な状態の改善、もしくは顧客からの求めのように、目標の明確な場合が多い。そのような場合に主に行われるのは、目標と現状の間にどのようなギャップがあるのかを分析し、それにもとづいて解決策を立案することである。このような動機は、第4章で述べた「分析的デザイン」に関係する。現に、ホンダジェットの設計思想は、機内のスペースを広くとりたいという問題意識から生成されたと考えられる。

かたや、現存する問題を解決するのではなく、理想的な姿を追求したいという動機もある。これを内的動機とよぼう。それは、工学設計では将来の人工物が備えるべき理想的な機能を考案したいというようなことであり、工業デザインでは使用者に理想的な印象を与え得るようなカタチやインタフェースを考案するようなことである。理想像を描くためには、設計者の内的な感性や価値観が重要な役割を担うと考えられる。なぜならば、設計者にとっての理想とは、設計者自らの心にある基準そのものであるからである。そして、その基準のもとに、いくつかの既存のものごとを参照しながら新しいコンセプトを考案することになる。たとえば、プラネタリウム（メガスター）が裸眼では視認できない程暗い星を映し出したり、ジョブズが外からは見えないケースの内側の配線の有りようにまでこだわり、「いったい誰がなかまでのぞくんですか」との質問に対して、「僕がのぞくのさ」と答えた[5]というような逸話の背後には、内的動機に起因する設計思想があったといえよう。このような動機は、第4章で述べた「直感」や「構成的デザイン」に関係すると考えられる。

◆設計思想は設計への制約からくる

プロダクトを設計する際には、種々の制約を考慮する必要がある。たとえば、コスト、材料、製造方法、関連の法律などが挙げられる。このような種々の制約に対してどのように優先順位をつけるか、さらには、そもそも制約自体を外せないか、という観点から設計思想が生まれることがある。実際、零戦の設計思想は、限られた条件（エンジン性能等）のもとでの優先順位づけに由来すると考えられる。また、制約自体を考え直す、という観点からも、新たな設計思想が生まれる可能性がある。

プロダクトを設計する際には、その製造方法が制約となる。逆にいうと、プロダクトの作り方が変われば設計の考え方も変わるはずである。最近急速に普及している3Dプリンタについては、容易に製造ができるという点が注目されているが、そもそも3Dプリンタの製造方法は、旋盤等を用いた従来からの加工法とは根本的に異なる。つまり、3Dプリンタでは、従来からの製造方法に起因する形状上の制約が不要となることより、全く新しい設計思想があり得るはずである。

◆設計思想はプロダクトの社会的影響からくる

当然のことであるが、プロダクトは、社会に対して影響を与える。多くの場合、プロダクトは、その目的を果たす過程において社会に効用をもたらすが、ときとして、様々の副作用を引き起こす。最も深刻なのが、いわゆる環境負荷である。そのため、たとえば、プロダクトのリユース性やリサイクル性にどのように配慮するか、それを定める設計思想が戦略的に検討される。一方で、生分解性プラスチックの考え方は、そもそも、プロダクトは社会に対してどうあるべきか、という疑問から生まれた設計思想といえよう。

また、やわらかく壊れる建物という考え方も提唱されている[10]。それは、「壊れない」との非現実的な目標を掲げるよりも、むしろ壊れることを前提に、内部の人間や周辺に及ぼす被害を最小限に食い止めつつ「やわらかく壊れる」ように建物を設計するという考え方である。

4　設計思想の課題

◆社会としての設計思想

現代社会は、子孫への負担を考慮しつつ原子力発電などの先端的な科学技術やそのプロダクトを使用していくことになる。その際、かりに事故などの問題が生じた場合には、現在では、プラントメーカーなり電力会社などが社会に対して責任を負うことになっている。だが、たとえば千年後の未来社会に対しては、誰が責任を負うのだろうか。利用者も含めた現在の社会全体に責任があるように思える。というのは、未来の人々にすれば、過去の社会全体からの遺産としか受け止められないからである。

ならば、実際にどのようにして責任をとるのだろうか。その時には責任をとるべき現代人はもはやいないのであるから、誰も責任のとりようがない。けれども、どうしてもしなければならないことがある。それは、我々が社会全体としてそのプロダクトをどのように設計したのか、その思想をきちんと整理し、後世に残すことである。設計思想が伝われば、不幸にも発生してしまった事故に対して迅速に対応できるであろうし、さらに、世代を超えた説明と理解につながるかもしれない。

このように考えてみると、これまでは設計者に閉じていた設計思想を、今後は「社会全体の設計思想」として共有し蓄積していくことが、現代人が未来に向かって最低限果たすべき責任であるといえよう。それは、覚悟を求められている現代人のためにも必要なことである。

ところが、設計思想は「思想」であるから、明示的にはどこにも残されない。少なくとも、図面や仕様書には書かれていない。プロダクトから読み取れる場合もあるが、そうでない場合の方が多い。よって、意図的に残す必要がある。そのためには、「設計思想」の何をどのように記述し、どのように残すべきかを具体的に検討していく必要があろう。

◆想定外の事象に備えるための設計思想

設計のための前提条件は、一般的には設計の外から与えられ、前提条件が正しいかどうかは設計のとるべき責任の範囲外とされる〔6、11〕。最近、設計の想定外といういい方を聞くことが多いが、これは、想定外とされるトラブルの原因となる前提条件が、設計者には前もって明示的に与えられていなかったということであり、設計者がそのトラブルを予想していなかったということではない。

我々が知りたいのは、想定外の地震や大雨が降った際に、設計されたものがどうなるかであるが、通常は、そのようなことは設計者の検討すべき対象の範囲外とされる。さらにいうと、設計では、設計されたプロダクトがトラブルを起こしたとしても、かりに、前提条件が間違っていたことが分かると、設計したこと自体の妥当性は問われないことがある。しかし、それでは、社会が真に求めるプロダクトは設計できない。現実に、想定外としてどのようなことが生じる可能性があるのか、それが生じた際にはプロダクトはどうなるか、さらに、その場合でも、より安全な状態を確保するためにはどうすればよいかという問いを適切に考えることができるのは、まさしく設計の当事者である。ゆえに、いわゆる「想定外」といわれる諸課題については、設計者自身も関与すべきである。とはいえ、実際に、どのような想定外の状況が発生しうるかを客観的に特定することは難しい。そのため、設計者は、想定外の状況へ対処するための方策を「思想」としてプロダクトに埋め込むことになる。

事実、よく知られている設計思想が、いわゆるフェイルセイフである。想定外のことが生じても、フェイルセイフの考え方で設計されていれば、比較的に安全が確保される。

　また、最悪の状態を想定し、既存の設備を最大限に活用できるようにあらかじめ考慮して設計することも考えられる。たとえば、踏切内で自動車がエンストした場合にはセルモータを使って脱出するように教えられるが、おそらく、セルモータはそのような状況を想定して設計されているのではないだろうか。それに類することは、原子力発電所の設計でも行われている。原子力発電所では、設計基準事象を大幅にこえた事象をシビアアクシデント（過酷事故、SA）とし、それに対する処置をアクシデントマネジメント（AM）とよんでいる。たとえば、福島第1原子力発電所では、注水ラインと消防車のポンプを組み合わせて、炉心注水が行えるように設計されていた[12]。しかるに、実際には、がれきが散乱していたために、消防車のホースをつなぎ込むべき送水口がなかなかみつからないなど、消防車による注水に時間がかかったといわれている。これは、せっかくの設計思想がうまく活かされなかった事例ということができよう。

　今後は、想定外の事象に可能な限り対応できるように、プロダクトにはそのための設計思想が込められることが求められる。それと同時に、設計思想を活かすための仕組みを整備し、日頃から訓練することも必要となろう。

5　設計思想家の育成

設計思想は、限られた卓越したリーダーにより導かれることが多い。たしかに、ホンダジェットの設計思想は藤野道格により先導され、零戦の設計思想は堀越二郎により率いられ、メガスターの設計思想は大平貴之によって考えられ、アップルコンピュータ社のプロダクトの設計思想は、スティーブ・ジョブズに大きく影響を受けている。むしろ、このような卓越したリーダーは「設計思想家」とよぶのが相応しい。設計思想家とは、プロダクトだけを見るのではなく、社会全体を見渡し、将来を見据えられる人物である。そして、豊富な知識に加え、未来に対するするどい洞察力と、なによりも、研ぎすまされた感性と確固たる内的動機を持ちあわせている人物である。設計思想は、思想であるからみえにくい。かりに、だれかにはそれがみえたとしても、他の人間も同じようにみえるとは限らないし、同じようにみえていることを確認することもできない。したがって、自分自身の考えに自信をもち、ぶれないことが必要である。

ものが充足し、技術が成熟している現代においては、革新的なプロダクトを絶え間なく作り続けることが求められている。かたや、環境問題が深刻化し、社会システムそのものを再構築する必要性が認識されつつある。そのような課題に向かい合うためには、まさに、社会として、卓越した設計思想家を育成していく必要があろう。

注

１　本書では、「設計」と「デザイン」は同じ意味に用いる。その思想については、通常は「設計思想」と表されるので、それに倣う。デザインと区別する特別の意図はない。

２　ここでは、「設計」は、狭い意味にとらえている。

３　ホンダジェットは分析的デザインの例であるが、第5章1節に示したように、このアイデアがひらめいたプロセスは手続き的に書き下すことがほぼ不可能であり、その考え方は、構成的デザインと同様に設計思想に現れると考える。

４　微生物によって分解されて、二酸化炭素と水になるプラスチックのこと。

第7章　デザインスクール――構成的思考力を獲得する方法（その2）

昨今、実践型のデザイン教育方法として、国内外の各所でデザインスクールが開催されている。筆者らは、本書で述べた考え方のもとに、現状の延長線上にない革新的なプロダクト（未知のプロダクト）を構想するのに必要な思考力を鍛錬するためのデザインスクールを実践した。本章では、その概要を紹介する。

1　実践型デザイン教育の実情

最近盛んに国内外の各所で行われている実践型のデザイン教育方法について概観しよう。まず、創成型の教育方法として盛んに行われているＰＢＬ（Problem Based Learning）を挙げることができる。PBLは問題解決型学習、ないし課題解決型学習などとよばれ、一九六〇年代に北米で行われた教育方法がルーツとされている。日本でも一九九〇年代後半から導入されはじめ、その成果は二〇〇〇年頃から学会等で報告［たとえば、1、2］されている。最近では地域や企業と連携し、実践的な課題を題材にしたPBLが行われているケースも増加している。これらのPBL教育の多くは、外部から問題を与えそれを分析することにより解決方法を探るものであり、本書でいうところの「分析的デザイン」に類するものである。そのため、改良設計のような、課題が明確になっているデザイン（設計）に対しては効果が期待される。しかるに、現状の延長線上にない新規性の高いプロダクトのデザイン（設計）に関しては異なったアプローチが必要となる。

一方で、ユーザ（人間）を中心に置き、社会的利用価値の高い斬新なプロダクトを創出するための実践的なデザイン教育が一九九〇年代から始まっている。その代表例とされるIDEOの「デザイン思考」［3］は、次のようなプロセスで構成されている。(1)エンドユーザを理解するために観察する。(2)観察結果からユーザの振る舞いや感情の意味を見いだす。(3)観察や経験にもとづきブレインストーミングによって多くのアイデアを生成する。(4)アイデアのプロトタイプを構築しエンドユーザによりテストする。(5)得られた結果をアイデアのリファインのためにフィードバックする。また、スタンフォード大学のd.school［4］においても、ユーザに共感するところからアイデア生成を行うというデザイン思考の方法として、Empathize, Define, Ideate, Prototype, Test の五ステップからなるデザイン方法が教育されている。こうしたデザイン思考によるデザイン教育は、欧米の数多くの大学で導入されている。これらの方法はいずれも、まず利用者と利用状況の徹底的な調査を行い、利用者を深く理解し共感することによって利用者が真に望むものごとを目標として設定し、それを起点として新しいコンセプトの発想を行い、プロトタイピングによって確認するという方法である。

国内においても、同様の取り組みが十年近く前から行われはじめている。これらの多くは、d.schoolのデザイン思考の考え方にもとづくものであるが、近年の工学が扱う分野やデザインの対象の広がりに対応してデザイン教育も社会デザインにまで広げていくことが求められるとの指摘[5]や社会的課題を解決するための新しい価値連鎖など現在は存在しないものをいかに教育するかの重要性の指摘[6]もあり、新たな取り組みが行われつつある。たとえば、デザイン思考とシステム思考を組み合わせたワークショップ型の教育方法により、問題の構造的理解を行った上で感性的なデザインを行おうという取り組みがされている[7]。また、ワークショップのプロセスで他者の理解による気づきや未来を洞察する手法を導入することにより、従来の延長線上にない領域を模索する工夫がなされているものもみられる[8]が、ほとんどのデザインスクールは、現状を深く分析することにより課題を見いだし、それを起点としてアイデアを考えるというプロセスとなっている。このような方法では、現状の社会に融合した使い勝手のよいアイデアは生成されるが、現状の延長線上にない未来社会における革新的なプロダクトは出にくいと思われる。

ひるがえって、筆者らの提案する教育方法は、「構成的デザイン」のための思考力を磨くことを目的としている。この構成的思考力は、現状の延長線上にはない新たな生活スタイルを創出するような革新的なプロダクトをデザインするために必要となる。そのため、本教育方法は、はじめに複数の概念を直感的に結びつけて非線形的[注1]にプロダクトの初期アイデアを生成し、そのアイデアを起点にニーズを探るという手順をとる。なぜならば、ユーザニーズを起点とするとそれに収束させるためにいわゆる分析的な思考に陥ることになり、自由な思考の妨げになると考えるからである。そのうえ、プロダクトの使用のされ方や生活スタイルを、やはり、現状の延長線上にない未来社会において検討するようにした。一方で、創案されたアイデアを具体化することもさせる。それは、実際のデザインでは、実現可能なレベルにまでコンセプトを精緻化する必要があり、そのためのスキルも不可欠だからである。そこで、基本的なアイデアがまとまった段階で、「分析的デザイン」に移行（遷移）し、プロダクトの具体的な構造やメカニズムを検討し、三次元形状モデル（CADモデル）を作成させることにした。

　このような考え方に則ることで、現状の枠組みからは現れないような革新的なプロダクトのコンセプトを、空想ではなく実現性をともなってデザインできると考える。

2　デザインスクールの基本的方針

　筆者らは、前節で述べた考え方にもとづいて、グループワークにより、現状の延長線上にない

「未知のプロダクト」のコンセプトを（本来の）シンセシスの方法により求め、それを、やはり、現状の延長線上にない社会において洞察し、さらに、仮想空間のなかで確認し深化させるという教育方法を構築した。以降にその概要を説明する。

◆直感から始める

まず、コンセプトの生成を「直感」から始めることにした。一般的に、学問を教示する場合には、「合理的な根拠」が要請される。デザイン（設計）の方法論は、「その経験者から実技や演習を通して」教えられることが多いが、そこでの根拠は「経験」である。かたや、「直感」については、「思いつき」や「あてずっぽう」と誤解されることが多く、根拠に乏しいとされ教育現場では避けられてきたといえよう。ところが、第4章で述べたように、「直感力」は、実際のデザイン現場では重要な役割を果たしていると考えられる。では、「直感力」はどのように教育すればよいのだろうか。筆者らは、「直感力」そのものは教えられる能力ではないと考える。とはいえ、かりに「直感力」が、第4章1節で述べた「音叉のような共鳴器」に根拠をおくものであるならば、それ自体を新たにつくり込むようなことは難しいとしても、少なくとも、たとえば錆び付いてしまったときにはその錆を取り払うことや、音叉の共鳴する様子に耳を済ます態度を醸成することはできると考える。そのため、本教育方法では、第3章で述べたメタファからヒントを得る方法において、「イルカのような自転車」のように一見したところでは関連のなさそうな生き物とプロダクトの二つの概念を

「直感的」に結びつけさせることにした。このように互いに関連のうすい概念をなかば強制的に結びつけてそこからアイデアを考えさせる手法は、クリステンセンがイノベーション力を向上させるために提案している手法［9］に類似しているが、本手法では、その結びつけを「直感力」に頼るところに特徴がある。

ここで生き物を用いたのは、生物が多くのすぐれた性質を有しており、多くの概念を連想しやすいからである。実際に、デザイン分野においても生物模倣設計［10］やバイオミメティックス［11］などのキーワードのもとに近年盛んに研究がなされている。加えて、なによりも生き物はなじみやすいことから、教育現場で用いる素材として相応しいと考えた。

なお、メタファは、第3章3節で述べたように、問題解決に用いられるケースがあるが、本教育方法では、メタファを直感的に表現させ、しかも、そこからアイデアを、プロダクトの既存のカテゴリを超えるまでに積極的に膨らませたり、さらに、プロダクトの目的や目標がデザインするなかから見出されるように指導することで、構成的デザインの枠組みに入ると考えた。そして、直感的に結びつけたアイデアが、革新的にしてかつ好みのプロダクトに仕上がっていく有りようを体験することで、「直感にもとづいて仮説を発見すること」の可能性や有意性に気づく（目覚める）ことを期待した。

◆未来社会のなかで利用法を考える

続いて、直感的シンセシスにより創案されたアイデアの意味（有用性）を、現在の社会ではなく、未来社会のなかで検討させることにした。というのは、未知のプロダクトは、いまだ世の中には存在しないものなので、それによってもたらされるであろう新たな生活スタイルも現存するはずはなく、現在の社会では評価できないと考えるからである。現に、インターネットの有用性は、それが存在しない時代には正確に見通せなかったと思える。そこで、本方法論では、過去のデータをもとに現在から未来を線形外挿するという従来型の予測手法ではなく、現在から未来に向かうときの不確実性を取りあつかう何らかの仮定をおき、非線形な未来を描くという「未来シナリオ」（未来洞察）の考え方を参考にすることにした [12]。

◆CADモデルを作成する

つぎに、アイデアの具体化を進めさせる。この段階では、プロダクトを実現するための技術的な調査を行い、アイデアを詳細にアナリシス（分析）していく。その結果得られたプロダクトの構造やメカニズムなどについて主要な属性の値を決定し、CADモデルを作成する。この段階から、「分析的デザイン」に遷移（移行）することになる。

◆仮想体験によりプロダクトのコンセプトを深化させる

さらに、次に示す二つの理由からVR（バーチャルリアリティ）による仮想体験を行う。一つは、プロダクトの使用される状況（場）が、往々にして、実際に行くのが困難であるとか、もしくは、いまだ世の中に存在しないものであるからである。これらは、普通では頭のなかに想像しながらデザインすることになるが、仮想的に体験できると、プロダクトの使用される場のなかでデザインするという臨場感の高いデザイン環境を実現できる。さらに、デザインする者のみならずユーザもそのプロダクトの新規性や有用性を事前に評価しやすくなる。もう一つは、第3章で述べたように、既存のプロダクト（モノの概念）とそれが利用される状況（場）の新しい組み合わせからも、現状の延長線上にないプロダクトが創出される可能性があるからである。たとえば、第3章2節で述べたように、携帯型音楽プレーヤは、室内で音楽を聞くものであった音楽プレーヤ（プロダクト）について、電車の中や運動をしながら（場）音楽を聞くという、プロダクトと場との従来にはなかった新たな関係から考案されたということができる。このようなプロダクトと場との間の新しい関係についても、普通では頭のなかに想像するしかないが、仮想的であれば実現できる。

VRによるこうした仮想体験は、デザインにおけるVRの新しい使用法としても意味がある。従来、デザインにおけるVRの役割は、主に、試作品の代替に限られていた。それに対して、今回は、新規性の高いプロダクトのアイデアを創出するために利用するものであり、VRの活用法の観点からみても新しい試みである。

これらのことから、本教育方法では、プロダクトのCADモデルとそれが利用される状況を、同時にVR装置に投影し、その仮想体験を通して、プロダクトのコンセプトを深化させることにした。

VR装置には、神戸大学統合研究拠点に導入されている、CAVE（Cave Automatic Virtual Environment）とよばれる没入型の三次元立体可視化装置であるπCAVE[13]を用いた。πCAVEは、スクリーンが前面に二枚、床面に二枚、側面に各一枚ずつ配置されており、高さ3m×奥行3m×横幅7.8mの直方体構造をしている。この中で、最大二十名程度が同時にVRを体験できる。四面のスクリーンに映像を投影して、3Dメガネで立体視が可能となっている。また、3Dメガネにはトラッキング装置が内蔵されており、装着者の動きに合わせた映像が投影されるようになっている。本VR装置を用いることで、プロダクトが利用される状況を多人数で仮想的に共有することができる。

◆デザイン成果物の評価を行う

最後に、成果物の評価を行う。本デザインスクールでは、プロダクトの目的や目標（仕様）は、デザインのさなかに参加者が自ら見い出すことになる。そして、その目的や目標に合うように、生成と評価を繰り返しながら、プロダクトのデザインを進めていくことが求められる。そのため、目的や目標が途中で修正されることもある。よって、デザイン成果物が目的や目標（仕様）に整合しているかという観点からの一次的な評価は参加者自らが行なうことになる。

一方では、審査委員による評価も行う。そこでは、創案されたプロダクトの目的や目標およびデザイン成果物について、「未知性」「有用性」、そして（これが最も期待されることであるが）「夢のあ

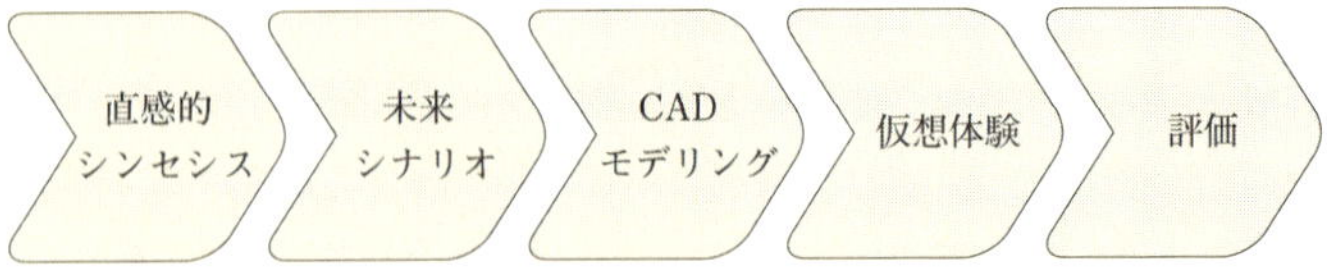

図7－1　本教育方法におけるデザインの流れ

るアイデア」であるかという観点から評価する。

◆本教育方法におけるデザインの流れ

本教育方法におけるデザインの流れをまとめると、図7－1のようになる。

多くのデザインスクールでは[4、7、14、15]、はじめに、ニーズの現状分析を行い、それにもとづいてデザインの目的や目標を定め、続いてシーズの調査を実施して、その上で、アイデアを考案するように進むのが一般的である。対して、本教育方法の手順では、現状の問題の分析からではなく、デザインする者の直感を頼りに、コンセプトをシンセシスしていくことから始める。そのあとでプロダクトの有用性を未来社会のなかで検討し、それをもとに目的や目標を見出していく。さらに、CADおよびVRを用いて、仮想的に体験する手順となっている。このように、前もってプロダクトの目的や目標を定めない、そして、現在の社会ではなく未来社会における意味を考える、さらに、それをVRを用いて仮想的に体験する、という点において、本教育方法論は、一般的なデザインスクールとは大きく異なっている。

3　デザインスクールの手順

前節で述べた基本的方針を基に、次に示す具体的な手順[注2]を定めた。

【直感的シンセシス】

・第一ステップ[注3]（五分間）：メンバーごとに〈生き物〉と〈プロダクト〉をそれぞれ十種類ずつ考える。

・第二ステップ（二分間）：第一ステップで考えたリストの中から、メンバーごとにそれぞれ面白いと思う〈生き物〉と〈プロダクト〉を三つずつ選ぶ。選んだものを付箋に書き、所属チームの模造紙に貼る。

・第三ステップ（三分間）：第二ステップで作成した、所属チームごとの〈生き物〉と〈プロダクト〉のリストから、「〈生き物〉のような〈プロダクト〉」として面白そうな組み合わせを各メンバーが一つずつ「直感的」に選ぶ。

・第四ステップ（二分間）：第三ステップで得た組み合わせの中から、「直感的」に最も面白そうだと思うものをチームごとに一つ決める。

・第五ステップ（五分間）：第四ステップで決めた組み合わせについて、〈生き物〉の特徴をメンバーごとに考えて付箋に書き、模造紙に貼る。

・第六ステップ（二時間三十分）：第五ステップで書き出した〈生き物〉の特徴を参考に、プロダクトの初期アイデアをまとめてスケッチ絵を描く。この間に、チームごとにVR装置のインストラクションを受ける。また、中間発表の準備を行う。

【中間発表】

チームごとに、一〇分間で、それまでに行ったグループワークの内容について発表する。発表では、〈生き物〉のどのような特徴に注目したか、新しく考えたプロダクトの特徴はなにか、について示し、スケッチ絵をみせる。

【未来シナリオとCADモデリング】

・第七ステップ（五時間三十分）：新しく考えたプロダクトが将来どのように利用されるかを、あらかじめ提示された「未来シナリオ」と「スキャンニング・マテリアル」を参考にして想定する。スキャンニング・マテリアルとは、今の世の中では些細なことかもしれないが、未来の社会をつくる可能性を秘めた芽となる出来事を記述したものである[12]。並行して、プロダクトの構造やサイズ等を具体的に検討する。必要があれば計算をし、CADモデルの作成にとりかかる。あわせて、プロダクトの使用される状況をVR装置に描写するための画像の収集にとりかかる。

【中間レビュー】

教員やスタッフによる中間レビューを受ける。それまでにグループワークで作成したデザイン案について、その概要、これまでの作業内容、これからの方向性について説明し、アドバイスを受ける。

【仮想体験】

・第八ステップ（八時間）：引き続き具体化を進める。プロダクトのCADモデルとそれの使用される状況をVR装置に実装する。最終プレゼンテーションの準備を行う。

【最終発表】

チームごとに、最終プレゼンテーションを行う。パワーポイントによる発表（一〇分）に加えて、VR装置を用いたデモンストレーションを行う。産官学から構成される審査委員会の選考により、もっとも優秀なデザインであると評価されたチームには、優秀デザイン賞が授与される。

4　デザインスクールの結果

　第一回目は、二〇一六年五月十九日（木）から二十二日（日）に、神戸大学統合研究拠点（兵庫県神戸市）において実施された。続いて、翌年の二〇一七年五月二十四日（水）から二十七日（土）の四日間に、やはり神戸大学統合研究拠点において第二回目が実施された。第一回目のデザインスクールでは[16]、既存のプロダクトの改良からは思いつかないようなアイデアが少なからず得られた。また、参加者が直感力の可能性に自ら気づくという効果もみられた。かたや、社会でどのように役立つかという観点での調査や検討が不十分であるとの課題も見出された。そこで、第二回目では、「未来シナリオ」のプロセスを導入し、外部委員による評価も行うようにした。２節および３節の内容は、第二回目のものである。以降、第二回目のデザインスクールの結果について紹介する。

◆参加者

　参加者は、工学もしくは認知科学を専攻している国内外の大学生と院生であり、日本から八名、アメリカから八名、ポーランドから四名が参加した。合計二十名の参加者は五つのチーム（チームR（Red）、G（Green）、B（Blue）、Y（Yellow）、W（White））に分けられ、作業はチームごとにグループワークで行った。一チームは四名で構成され、チーム分けは、性別や専攻等が均等となるように運営スタッフが事前に行った。

◆概要

表7－1に、デザインスクールのプログラムを示す。国際性と国際感覚を身に付けさせることを意図し、スクール中の教示やグループワーク中の参加者間の会話は原則として英語を使用した。また、思考力を「磨く」ことを意識して、集中的な合宿形式（参加者全員がデザインスクール実施会場近くの宿舎に宿泊し、食事も含め集団行動を原則とする）を採用した。

図7－2に、第一ステップから第六ステップのグループワーク中の各チームの様子を示す。グループワーク中は、チームごとに作業机に向かい合って座り、机の横の壁あるいは机の上の模造紙を用いて、メンバーが思いついた既存のプロダクトや生き物、およびそれらの特徴に関する情報を共有した。グループワーク中には、次のようなアドバイスを与えた。

・第三ステップと第四ステップにおいて「直感的」に選ぶ際には、その理由は考えないように指導した（スタッフも、中間発表等において、尋ねないようにした）。
・第五ステップと第六ステップにおいて〈生き物〉の特徴をプロダクトに加える（重ね合わせる）際には、その〈生き物〉に固有の特徴に注目するように指導した。
・第六ステップと第七ステップでは、選択された〈生き物〉と〈プロダクト〉は出発点に過ぎず、

表7－1　2017年度デザインスクールのプログラム

2017年5月	24日（水）	25日（木）	26日（金）	27日（土）
午前（1）	8:30～9:30 Lecture1: Creative Design Thinking for Innovation 田浦俊春（神戸大学）	8:30～9:30 招待講演1: Introduction to Foresight Methodology 鷲田祐一（一橋大学）	8:30～9:30 Lecture2: Sketch-based Interfaces for 3D Shape Modeling 嶋田憲司（CMU）	8:30～9:30 招待講演2: The Cognitive Dimen- sion in Design: Designers, Products and Consumers John Gero（University of North Carolina）
午前（2）	10:00～ グループワーク Step 1～Step 6	9:30～ グループワーク Step 7	9:30～ グループワーク Step7 11:00～ 中間レビュー	9:30～ グループワーク Step 8
昼	12:00～ どうぶつ王国(Welcome)			
午後（1）	14:00～ グループワーク Step 6 15:00～ VR紹介	グループワーク Step 7 ～14:00	グループワーク Step 8 ～14:00 14:00～15:00 京コンピュータ見学	13:30～最終発表 最終プレゼンテーション デモンストレーション 15:30～ 優秀デザイン賞の審議 16:00～ 総合討論 16:40～ 優秀デザイン賞の授与 外部評価委員からの講評
午後（2）	グループワーク Step 6 ～16:30 16:30～ 中間発表	15:00～16:30 工場見学 17:30～ Dinner：メリケンパーク オリエンタルホテル	15:00～ グループワーク Step 8	

図7－2　グループワークの様子

さらにアイデアを積極的に膨らませ、結果としてプロダクトの既存のカテゴリを超えてもよいとアドバイスを与えた。

・第七ステップでは、その直前に行われた講演（演者：鷲田祐一）で紹介された「未来シナリオ」を参考にするように指導した。具体的には、「スーパーヒューマン」と「新秩序」に関するシナリオが紹介され、それに加えて五十四のスキャニング・マテリアルが資料として配布された。

・第六ステップから第八ステップにおいて、VR装置を使用している様子を図7－3に示す。複数のメンバーがVR装置内に入り、プロダクトが使用される様子を演じてみるなど、その場で議論を行う様子がみられた。この段階では、プロダクトと状況（場）との間の従来にはない新しい関係をVRに実

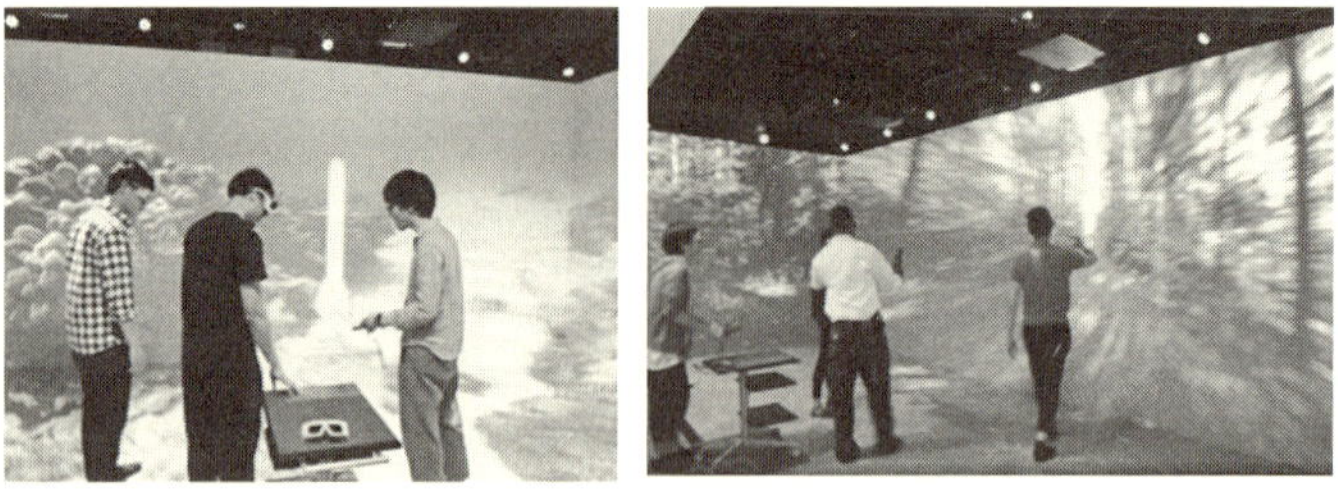

図 7－3　VR 装置を使用している様子

図 7－4　最終プレゼンテーションおよびデモンストレーションの様子

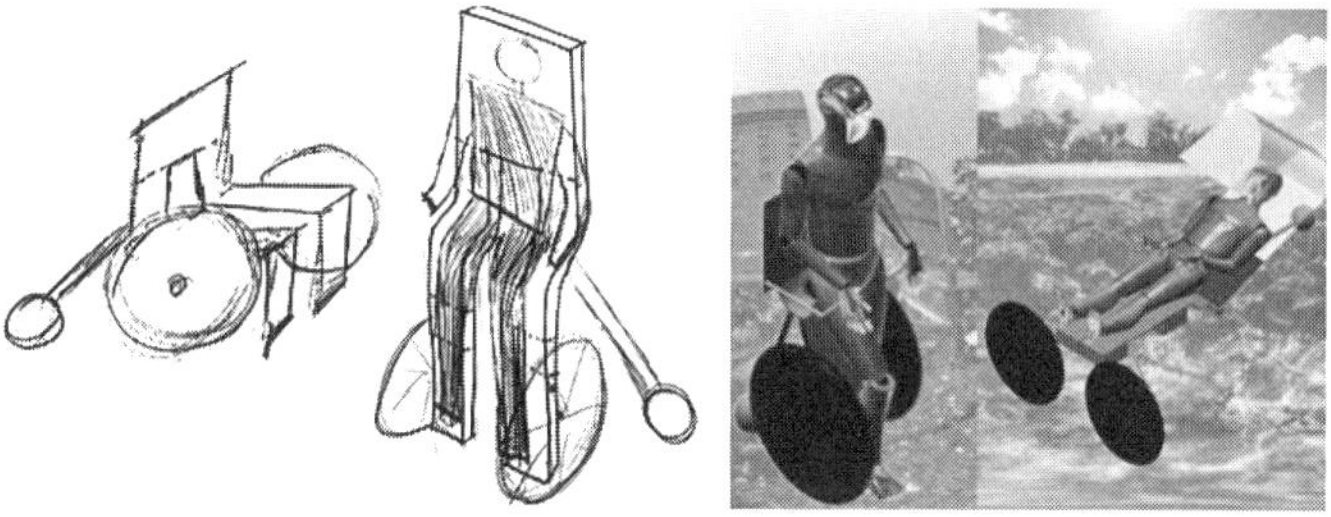

図７－５　「カンガルー×車いす」から発展して得られたアイデア（チームR）

装してみるようにアドバイスした。

図７－４は、最終発表およびVR装置を使ったデモンストレーションの様子である。五名の委員から構成される審査委員会が優秀デザイン賞の選考を行った。

◆デザイン成果物

各チームがデザインの出発点とした〈生き物〉と〈プロダクト〉の組み合わせと、最終的に提案されたプロダクトのコンセプトをチーム順に示す。

チームR：「カンガルー×車いす」

障害のある人がこれまで困難であった様々な状況での活動を手助けすることが可能なプロダクトである。カンガルーが尻尾でバランスをとって立つような立位や、実際に歩行しているような足の動き、さらに水泳などが可能になっている。初期段階におけるアイデアのスケッチ絵と最終のCADモデルをVR装置に投影し

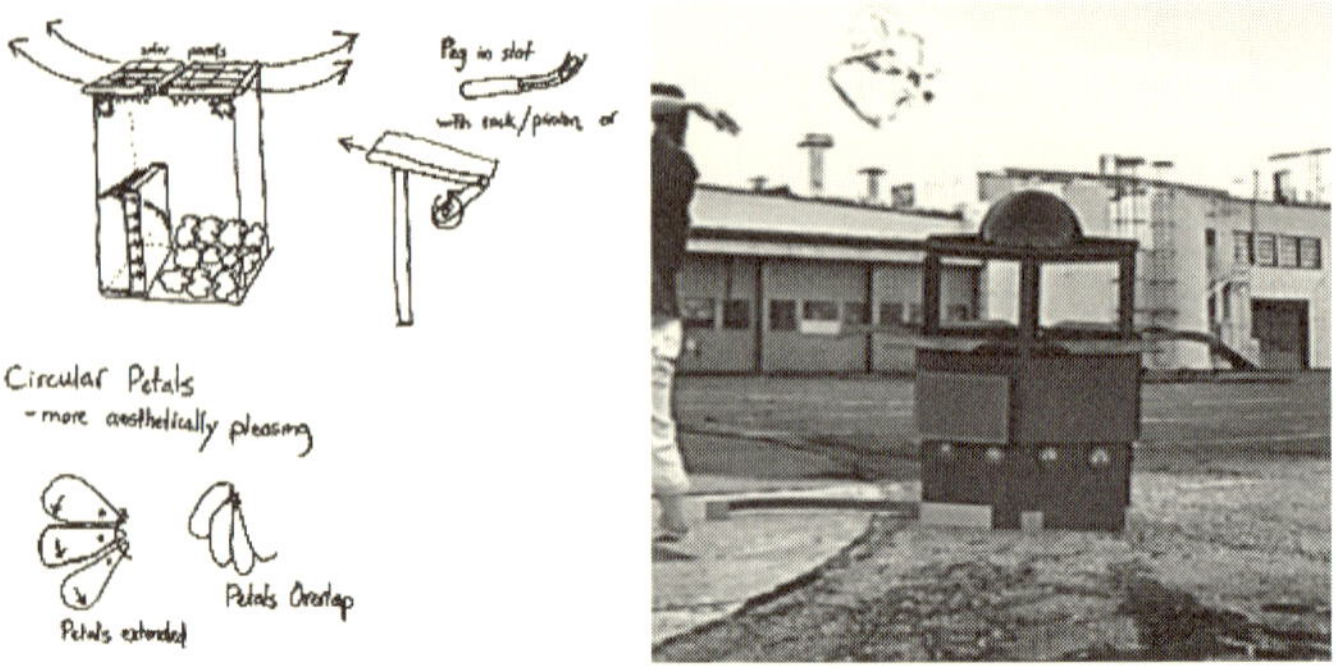

図7－6 「ヒマワリ×キャップ」から発展して得られたアイデア（チームG）

た様子を図7－5に示す。

チームG：「ヒマワリ×キャップ」

初期アイデアでは、太陽の方向を向くというヒマワリの性質とキャップ（帽子）を組み合わせていたが、さらに、ハエトリソウの性質を加えてアイデアを再考し、最終的には、投げ入れられたゴミを圧縮し空き容量等の情報を共有できるゴミ箱という構想に至った（図7－6）。

チームB：「エイ×ロボット掃除機」

海中資源の需要が高まると未来社会を想定し、海底のエネルギー資源を集め自動で回遊したり帰巣するロボットを考案した（図7－7）。

チームY：「コウモリ×ナイフ」

未来社会ではアウトドア需要が大きくなると想定し、そこで有用な多機能ナイフを創案した。コウモリのように飛

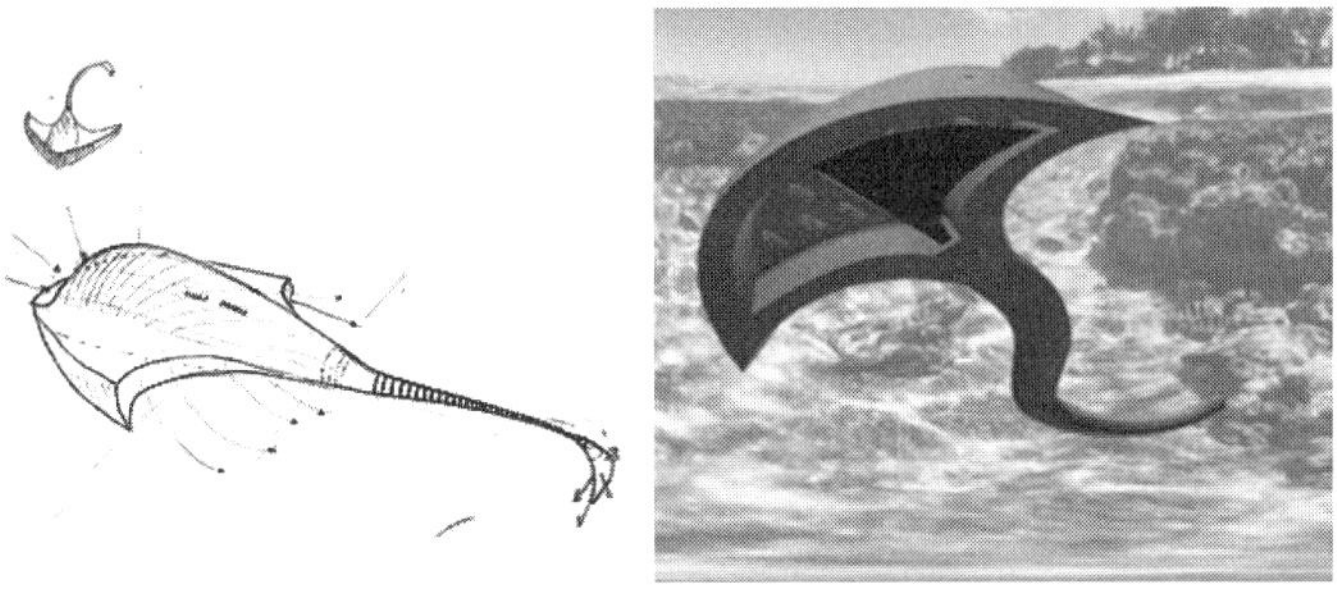

図7−7 「エイ×ロボット掃除機」から発展して得られたアイデア（チーム B）

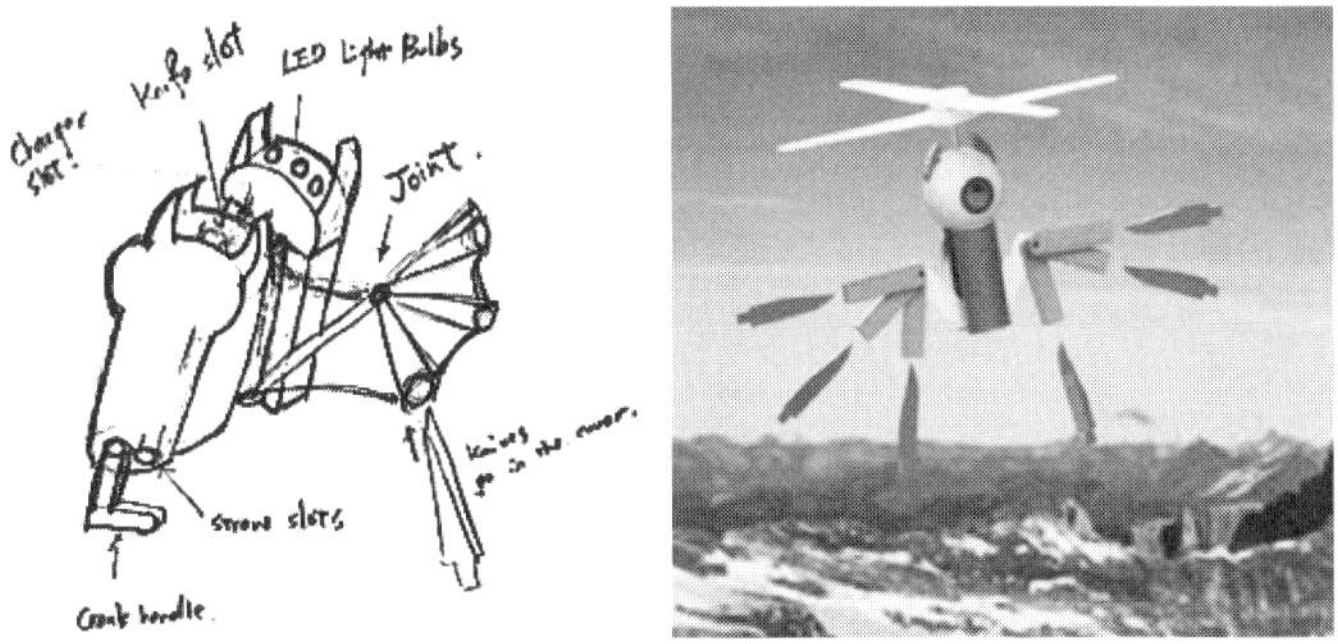

図7−8 「コウモリ×ナイフ」から発展して得られたアイデア（チーム Y）

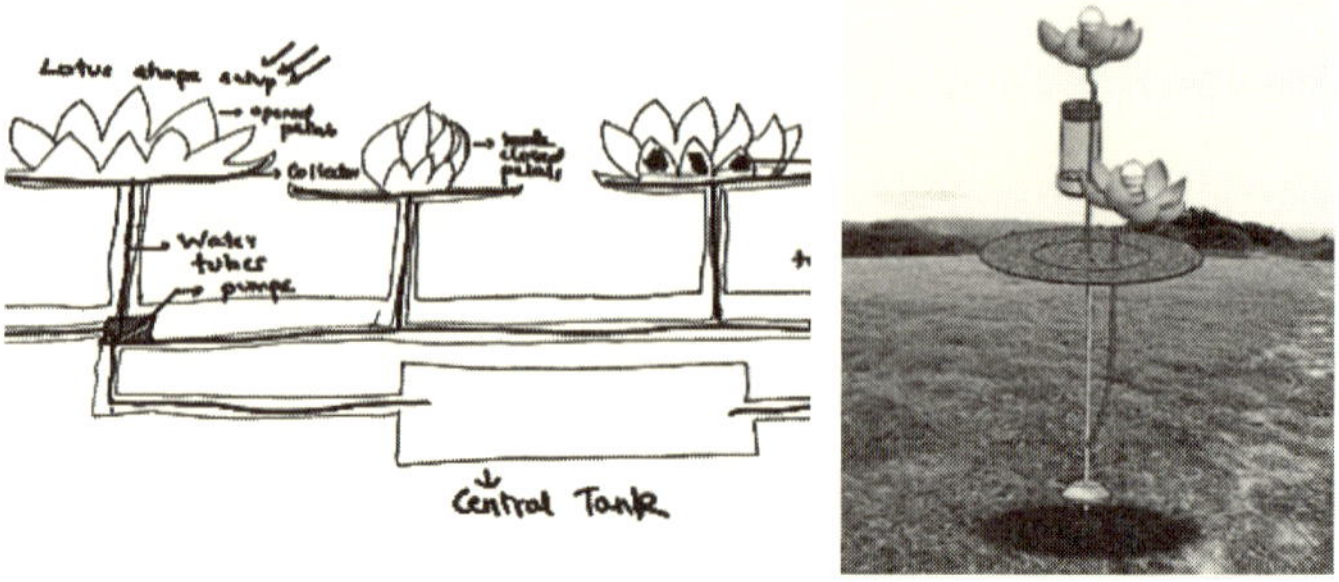

図7－9 「ハス×ランプ」から発展して得られたアイデア（チームW）

行できるので、重いツールを持ち歩く必要がない。様々な状況に合わせて変形できるように工夫してある（図7－8）。

チームW：「ハス×ランプ」

花びらに日光を受けることで発電して灯りを照らすものである。さらに、未来社会では水不足が深刻になると想定し、ハスの葉の撥水性を応用して水を集め、水の循環システムのような役割も果たすようにアイデアを膨らませた（図7－9）。

デザイン成果物は、いずれも従来のプロダクトの改良からは思いつかないような新しい使われ方を生み出すものであり、革新的な「未知のプロダクト」が考案されたといえる。また、評価委員からも、完成度の高い成果物であるとのコメントがあった。優秀デザイン賞は、チームRに与えられた。

◆アンケート結果

最終プレゼンテーションの終了後に、参加者に対しアンケート

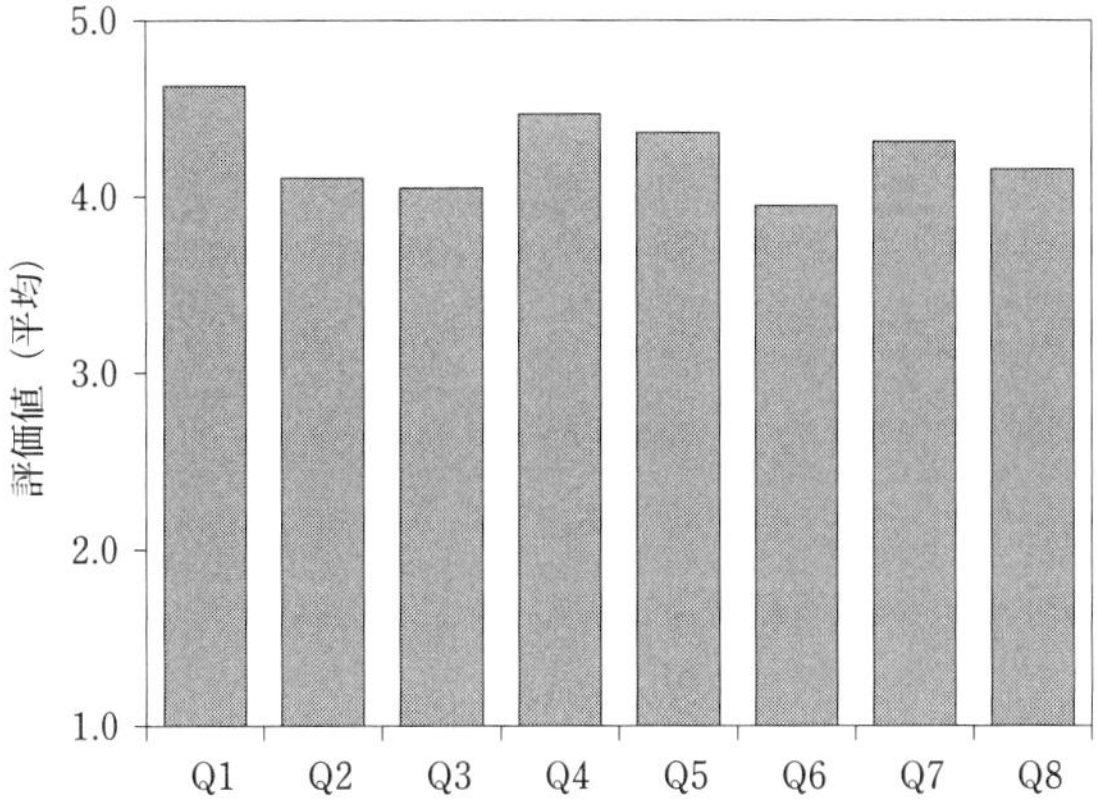

図７－10　アンケート結果

を実施した。アンケートは次の八項目について、五段階（５：非常にそう思う、４：そう思う、３：どちらとも言えない、２：そう思わない、１：全くそう思わない）で評価させた。さらに、感想を自由記述で回答させた。

Ｑ１　デザインは楽しく夢中になりましたか？
Ｑ２　メンバーとはうまく協力できましたか？
Ｑ３　インストラクションは分かりやすかったですか？
Ｑ４　プロダクトと場面をセットで考えることは新しいプロダクトを考えるために有効だと思いますか？
Ｑ５　未来シナリオは新しいプロダクトを考えるために有効だと思いますか？
Ｑ６　メタファはアイデアを出しやすかったですか？
Ｑ７　生物を参考にする方法はアイデアを出しやすかったですか？

Q8　今回のグループワークは今後に活かせそうな経験でしたか？

アンケートの有効回答数は十九であった。アンケートの結果を図7-10に示す。結果は、いずれの項目も高い値であり（全項目の平均値4.3、最高値4.6（項目1）、最低値4.0（項目6））、本デザインスクールで実践した教育方法が高く評価されたことを示している。また、「この経験は非常に楽しむことができた」など非常に好意的な感想が数多く得られた。

◆まとめ

今回のスクールでは、構成的デザインの主点である「直感」と「（本来の）シンセシス」の能力を鍛えることを試みた。結果として、各チームとも、従来のプロダクトの改良からは思いつかないような革新的なプロダクトのコンセプトを考えだすことができた。なによりの成果は、一般的なデザインスクールとは異なる手順で進めたにも関わらず、スクール中は各チームとも非常に熱心に取り組み、最終的に満足した様子がみられたことである。主催者が最も期待していた「直感にもとづいて仮説を発見すること」の可能性や有意性に気づく（目覚める）ことは達成されたと感じとれた。

注

1　本書では、現状の延長線上にないという意味で「非線形的」という用語を用いる。このことについては、第8章1節で議論する。

2　この手順は、参加者の立場から記述してある。

3　各ステップ内の時間は目安であり、実際には、進捗状況をみながら柔軟に進めた。

第8章　構成的デザインの諸相と課題

本書のまとめとして、構成的デザインの諸相や課題等について述べる。はじめに、構成的デザインの諸相について、思考の線形性、問題解決や問題発見、深い思考、効率性、合意形成や評価の観点から述べる。次に、デザインの動機に焦点をあてた議論を行う。続いて、構成的デザインの心構えを、個人、教育、組織の立場から述べる。さらに、構成的デザインの課題について、Design の訳語および人材育成の視点から指摘する。最後に、本書の締めくくりとして荘子の言葉を紹介する。

1　構成的デザインの諸相

◆線形的な思考により非線形的にアイデアが生成される

構成的デザインは、要素的な知識や技術を結びつけるという（本来の）シンセシスが中心のプロセスである。性質の異なるいくつかの要素を組み合わせて、そのどちらでもないなにかを生成することで、現状の延長線上からは思いつかないような未知のプロダクトを創案することができる。筆者は、その逆も成立すると考えている。つまり、現状の延長線上からは思いつかないような未知のプロダクトを創案するためには、構成的デザインが有効であるということである。さらに、若干大げさな言い方になるが、構成的デザイン以外には、そのために我々が知り得ている合理的な手法はないと思っている。現に、第7章で紹介した「未来シナリオ」の作成では、現在の社会から得られるいくつかの異なる性質の情報を、本書でいうところの（本来の）シンセシスをして非線形的に洞察している。なお、「非線形的」という用語については、第7章では現状の延長線上にないという意味に用いると述べたが、本書では、加えて「非連続的」の意も含まれるとする。よって、「非線形的」とは、図8－1のようなイメージである。

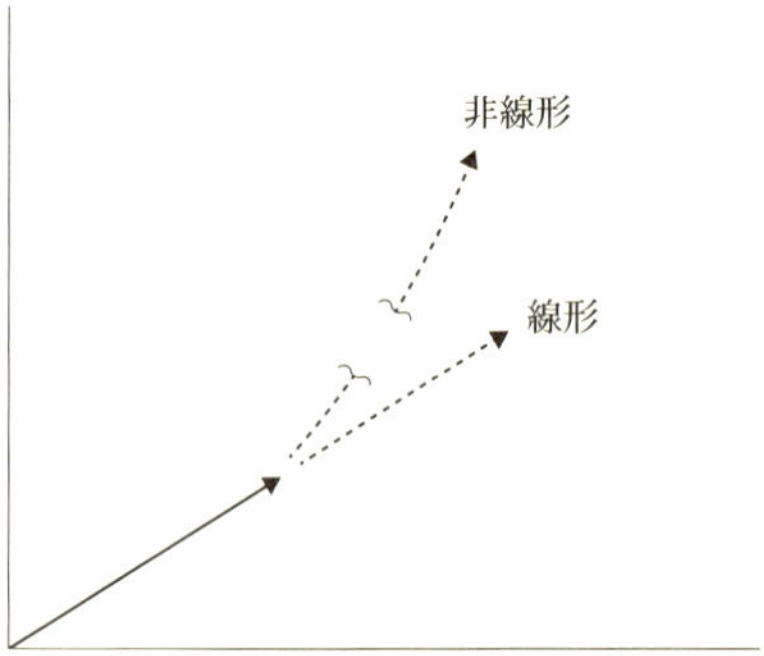

図8－1　非線形のイメージ

一方で、第2章3節で述べたように、創造的思考そのものは逐次的に進むと考えている。この点について補足しよう。第4章1節にて、互いに関連のうすい二つの概念を組み合わせて新しいアイデアを生成する過程について、コンピュータでシミュレーションした結果を示した。その結果とは、独創性が高いと評価されたアイデアを思いつくときは（すなわち、関連のうすい二つの概念のシンセシスに成功するときは）、連想がより複雑に絡み合いながら膨らんでいるというものであった。このシミュレーションでは、組み合わされる二つの概念から、デザイン成果物を説明する語の集合までの間が、（逐次的に）階層構造化されている概念辞書上の二語間の経路で代用されている。そこでは、二語間の経路に含まれるすべての語がシミュレーションに組み込まれたので、このシミュレーションでは、思考プロセスが逐次的な経路としてモデル化されたことになる。そうしてモデル化されたシミュレーションの結果が現実の現象（デザイン成果物の独創性の評価値）を説明している（相関がある）ということは、固執解放型に限らずシンセシス型も含めて実際の創造的思考も逐次的な性質を有していることを示唆している。

かたや、創造的思考には、漸進説という考え方がある[1]。これは、第2章3節で紹介した議論をもとにワイスバーグが述べている考え方であり、創造的な思考では「飛翔」が起こるようにみえるが、その中間には数多くのステップがあり、それぞれが依存しているというものである。

これらのことから、筆者は、概して（その理由は後述する）、創造的思考は逐次的ないし漸進的であるという立場をとる[2]。そして、筆者らが行った実験などを根拠に「創造的な思考プロセスがしばしば飛翔的にみえるのは、それが強く印象づけられるため、本来は逐次的であるプロセスが部分的に潜在化してしまうからである」と考える。そのように考えると、逐次的ないし漸進的な思考から非線形的にアイデアが生成されるということになる。ここで、逐次的ないし漸進的というい方を、若干不正確ではあるが「線形的」と表することにすると、「線形的な思考から非線形的にアイデアが生成される」というパラドックス的な表現に至る。この意味は、現状の延長線上にはない革新的なアイデアといえども、（本来の）シンセシスの方法に則るならば、地道に一歩ずつ考えて行けばそこに辿り着く、ということである。ただし、構成的デザインを始動する「直感的思考」の部分だけは、逐次的でも漸進的でもない。けれども、「直感」が「音叉のような共鳴器」のようなものを頼りに生じるのであれば、第7章で述べたように、その感度を上げるべく地道に鍛錬することは可能である。詮ずるに、デザインの創造性とは特別の才能が求められるものではないというのがここでの結論である。

◆構成的デザインは問題解決や問題発見ではない

デザインは、問題解決のフレームワークのなかでとらえられることが多い［3］。なぜそうなのか、筆者は次のように考える。あらゆるデザインはなんらかの変化を社会に与えるのであるから、そのことにおいて、結果的には、全てのデザインはなんらかの問題を解決したことになる。そのため、デザインが問題解決であるというのは、後付けでそのようにみえるものも含んでのことであって、全てのデザインが実際に問題を解決するように進むということではない。その意味では、構成的デザインも問題解決であるといってもよいだろう。だが、こうした表現には何の内容もない。というのは、全てのデザインに当てはまることを述べても、それによってデザインの理解が深まるわけではないからである。また、我々が議論したいのは、どうすればデザインのプロセスを進められるかであって、後付けでどう見えるかではないからである。

では、構成的デザインは、問題解決のプロセスと本質的に何が違うのだろうか。

まず、アナリシスとシンセシスのいずれに重きを置くかの違いがある。問題解決では、解決しようとする問題について、目的はなにか、それを達成する手段はなにか、徹底的にアナリシス（分析）することが奏功につながる。対して、構成的デザインでは、アナリシスするだけでは良い結果が得られない。第4章で述べたように、構成的デザインでは、アナリシスも必要とされるものの、シンセシスが重要な役割を担うからである。

つぎに、問題解決では、それを開始する時点で目的や目標が定められるのに対して、構成的デザインでは、デザインするさなかに目的や目標が見い出されるという点において両者は異なる。この点では、構成的デザインは、さらに、潜在的な問題の発見とも違うということができる。

そして、そもそも、「問題」という表現には、現状がまずあり、そこに内在する不具合から目標を設定するという姿勢が含意されていると考えられる。よって、問題解決とは本来、現状の改善はできるが、現状の延長線上では思いつけないようなことには対応が難しい思考形態であるといえる。

かりに、デザインが問題解決であるならば、では、問題がなければ何もデザインしないのか、ということにもなってしまう。実際、第2章5節で述べたように、スティーブ・ジョブズやビル・ゲイツは、なにかの問題を解決するために開発を始めたのではない。以前に、ある優れた管理者より「問題は次々に起きるが、問題は解決すればよく、それ以上のものではない」という話を聞いたことがある。この話の真意は、「管理者には、生じた問題を解決するだけでなく、ビジョンを描くことが求められているが、いくら日々の問題を上手に解決してもそこからは将来のビジョンは生まれない。したがって、問題解決に甘んじていてはいけない」ということのように思える。

この議論は、次節の「デザインの動機」に続く。それは、さらに議論を進めるためには、「そもそもなぜ人間はデザインするのか」という問いについて考える必要があるからである。

◆よく考えてデザインするとは何をよく考えることか

構成的デザインで、よく考えるとはなにをよく考えることなのだろうか。分析的デザインと比較しながら検討してみよう。分析的デザインの「よく考える」とは、時間をかけて丁寧にして正確にアナリシス（分析）することであろう。外部から与えられた目的や目標をよくアナリシスし、最適な設計解を分析的に導出することが求められる。対して、構成的デザインでは、感性的な直感のもとにシンセシスが行われる。ゆえに、分析的デザインのようにはいかない。現に、第7章4節に示したように、筆者らが行ったデザインスクールにおいては、直感的な選択には、数分の時間しか与えず、しかも、その理由を考えないように指導した。また、第4章1節で紹介したポスターを選ぶ例では、理由を考えずに選んだ方が後にその選択を後悔する割合が小さかった。「よく考える」とは、普通は時間をかけることである。では、「直感」で、極めて短い時間に、しかも、「理由を考えずによく考える」とはどういうことなのだろうか。それは、決して「浅く考える」というようなことではなく、第4章1節で述べた「音叉のような共鳴器」のかすかな響きを懸命に感じ取るようなことなのであろう。そのためには、「真剣に」耳を澄まさなければならない。一方で、本節で述べたように、その後の（本来の）シンセシスは、丁寧に一歩ずつ逐次的に行なうのが良い。このプロセスは効率的とはいえない（次節で述べる）。さらに、幅広く思考する必要があり（次節で述べる）、また、やり直しもある。構成的デザインでは、そのようなことに、時間をかけることになる。

◆構成的デザインは効率性を求めてはならない

構成的デザインでは、つくり出されるものはあくまでも仮説である。そのため、せっかくプロダクトの案が構想されても、もう一度、考え直さなければならないことが必然的に生じる。たとえば、イメージに合わないとか、そのプロダクトの構造では製造が難しいことが分かるようなことである。また、デザインの途中の段階でも、当初進めていた案を異なる案に変更することが起きるだろう。このような試行錯誤は、決して、悪いことではない。第6章1節で述べたように、デザインの本質なのである。とりわけ、構成的デザインにおいてはなおさらである。

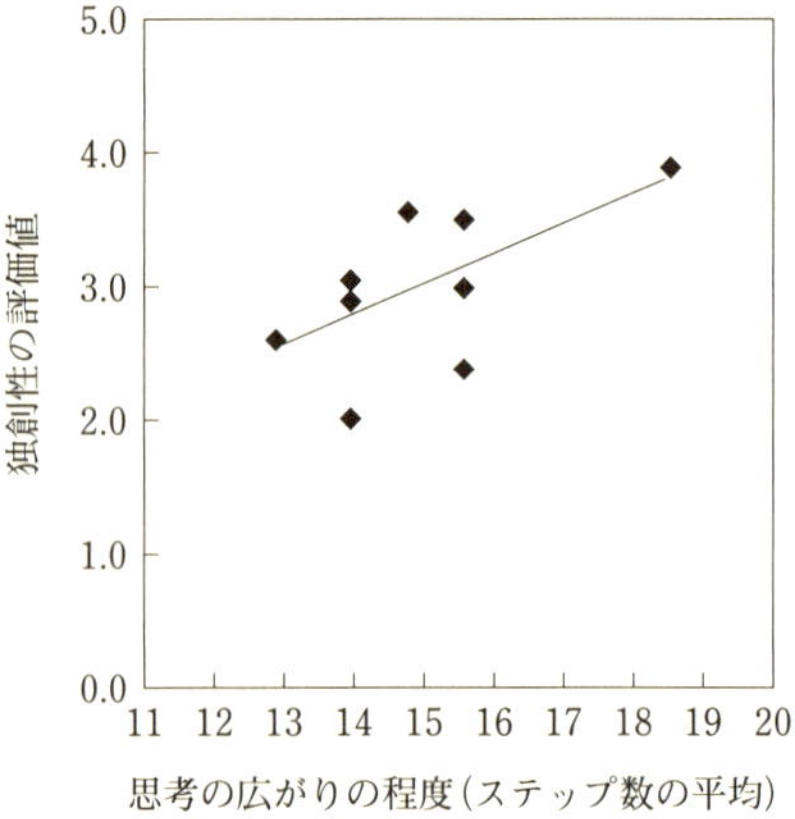

図8－2　思考の広がりの程度とデザイン成果物の独創性評価値の関係

このことについて、データを参照しながら考えてみよう。第4章1節で述べたように、筆者らが行なったコンピュータによるシミュレーションでは、独創性が高いと評価されたアイデアを思いついたときは、連想がより複雑に絡み合いながら膨らんでいるということであった。この結果からは、加えて、よいアイデアを生成するためには、短絡的に答えを導こうとはせずに、多様な視点から多面的にものごとをとらえ、多義的に連想を膨らませることが重要であるという思考のあり方が読みとれる。関連して、筆者らが行った実験データをもう一つ示そう。この実験では、二つの概念を組み合わせて（シンセシスして）新たな概念を生成する課題に取り組んでいるさなかに発話された名詞について、それの広がりの程度[注1]と、デザイン成果物の独創性の評価値との関係を求めた。その結果、両者には、正の相関があることが確認された（図8－2）[4]。これは、思考を広げることがより独創的なアイデアにつながる（シンセシスの成功につながる）ことを示唆している。さりとて、一般論として、思考を広げることは、効率性の観点からは良いことではない。なぜならば、最短でデザイン成果物に到達せずに、遠回りに思考を重ねることになるからである。

つまり、構成的デザインは、（誤解のある表現かもしれないが）非効率な思考を行うことに特徴があるということになる。効率性を求めてはいけないのである。

◆構成的デザインは合意形成や評価が難しい

分析的デザインは、外から与えられた目標や目的を起点に、経験にもとづく直観から始まる。経験は個別的であるが、なんとか、伝えることはできるだろう。対して、構成的デザインは、直感が出発点である。その直感は外からは見えない。また、直感はその理由を述べることをしないので、説明することも難しい。そのため、構成的デザインでは、デザイン関係者（たとえば、デザインする者同士や、デザインする者とデザインの発注者）の間で、合意形成の難しいことがある。

一方で、前述のように、構成的デザインがつくり出すのは仮説であるから、試行錯誤が生じるのは本質的なことであって、悪いことではない。よって、やり直しや変更が次々に起きたからといって、それを理由にデザインを途中で中止してしまうのは、拙速である。では、最終のプロダクトがつくられるまで待つしかないのだろうか。それより以前に評価することはできないのだろうか。筆者は、信じるしかないと考える。一旦信じたら、安易に取りやめないことである。とはいえ、いくらやっても駄目なこともあろう。どうしても途中で判断しなければならないことがあるならば、そのときには、デザインする者が、感度のよい「音叉のような共鳴器」を持ち合わせているか（要するに、センスがよいか）、過去にどのような仮説をつくったことがあるか、そして後述するが、内的な動機を持ち合わせているか、を参考に判断することになろう。

2　構成的デザインの動機

「構成的デザインとは何か」「そのための思考力とはなにか」という問いを突き詰めると、そもそも、「なぜ人間はデザインするのか」という問いに行き着く。筆者は、デザインをする理由を「デザインの動機」とよび、これまで議論してきた[2]。その一部は、第6章3節に紹介した。筆者のいうところの「デザインの動機」とは、デザインの背後にあって、それを起動し駆動するものである。

動機には、プロダクトやそれを求める状況のあり方に由来する外発的動機と、デザインする者の心に内在する自発的な動機があると考えられる。筆者は、前者を「外的動機」、後者を「内的動機」とよんでいる。

外的動機は、分析的デザインに関係している。分析的デザインでは、第4章5節で述べたように、目的や目標が外より与えられるからである。たとえば、安全に川を渡るための橋をつくってほしいと頼まれるようなことである。

一方で、内的動機は、構成的デザインに関係している。第4章1節において、「直感」を導く

「感性」とは「音叉のような共鳴器」を原理とするようなものではないかと述べた。筆者は、さらに、その音叉があたかも共鳴するがごとく、心の躍る、ないし、心の響く状態が、ある種の心地よさをもたらし、そのような心地よい状態を得ること自体が内的動機になると考えている［2］。そのように考えると、内的動機は、構成的デザインに関係していることになる。なお、第2章で紹介したホンダジェットの発想のように、分析的デザインにおいても、心の躍るような「ひらめき」はある。けれども、この発想では、機内のスペースをより広くとりたい、という動機（外的動機）の方がより強く働いたと考えられる。

内的動機についてもう少し議論してみよう。内的動機のもとに優れたデザインを行った人物としては、スティーブ・ジョブズを挙げることができよう。いみじくも、ジョブズは、「自分は、心の底（deep feeling）にあるものを表現しただけだ」といっている［5］。ジョブズは、自分自身の「心の底」から聞こえる声（inner voice）に耳を澄ませていたのである。

ときに、ジョブズは、川瀬巴水の版画を好んだといわれている。川瀬巴水の版画とiPhoneの間には、一見すると関係がないようにみえるが、なにかつながりがあるのだろうか。あくまでも筆者の私見であるが、ジョブズと川瀬に、いわゆる自然さを追求する心が共通に感じ取れる。ここで、自然さとは自然界とは違う。たんに、自然界に実在するものに近いというだけでは、心の響くものにはなり得ない。逆に、およそ自然界に存在しないようなものに心が響くことがある。音楽がその例である。人間のつくり出した音楽のほとんどは、自然界に存在する音とは大きく異なっている。

図8－3　川瀬巴水の版画（「平泉金色堂」）

ところが、心が響く。事実、第1章2節で述べたように、iPhone等の画面で行われるピンチアウトやピンチインの操作は、人間が自然界で行う操作ではないが、人間にとって極めて自然な操作である。一方で、川瀬は、「当たり前にある風景になによりも大切なものが宿っている」と考えていたようである。描いた風景は、必ずしも、写実的ではない。彼にとって自然に描いたということであろう。

かたや、本書でたびたび引用しているダガンは、仏教や禅に注目している。瞑想を、平常心を生み出すための基本技術と考えているようである。彼の提案する戦略的直観（これは、本書のいうところの直感に近い概念であると筆者は思っている）では、平常心が重要な役割を担うとしているからである。そして、従来型の事例研究を批判している。客観的という名のもとに、他人（ひと）ごととして事例を分析しても、戦略的直観力は獲得できないと考えているようである。代わりに、当事者の立場に成りすまして行う事例研究の方法を提案している。

このように、ジョブズやダガンが「自然さ」や「平常心」に注目していることは興味深い。しかも、それらを日本文化のなかにみている。

では、日本人自体は、どうなのだろうか。私は、ジョブズやダガンの期待とは逆の方向を向いているように思っている。

工学の現状について、はなはだ僭越ではあるが、筆者に関係の深い機械工学を中心に私見を述べたい。結論からいうと、工学はその動機を工学の外に置いてきた。そのために、工学の取り扱うべき最も重要なことをなおざりにしてきたのではないかということである。どのようなことなのかを説明しよう。工学の研究では、必ず「それは何の役にたつのですか」と聞かれる。ここで、「何の役にたつか」という問い自体が、動機を外においてきたことに他ならないのである。決して、工学が「役にたたなくてよい」といっているのではない。「何の役にたつか」という問いからものごとが始まり、それが全てであるかのような姿勢を疑問視しているのである。

それがいいか悪いかは別にして、多くの工学研究者あるいはエンジニアが自らの活動の動機をその外に置いてきたことは事実であろう。そのことが工学、とりわけ、日本の工学の特徴ではないかと思える。動機を外に置いたことにより、工学研究者あるいはエンジニアの主たる仕事は「効率よく」「正確に」与えられた課題を解くことになった。工学研究者あるいはエンジニアのよりどころとする知識は、多くの場合、物理現象に関する知識である。工学は、システム工学的手法を用いて、それを効率よく正確に活用することに全精力を費やしてきた、といっても過言ではない。このような工学は、社会がいわゆる「効率の向上」を目指す量的イノベーションの時代には、社会に極めて相性良く適合し、その能力をいかんなく発揮した。

　他方で、課題も表面化しつつある。一つは、質的イノベーションにつながるような革新的なプロダクトのコンセプトが工学の内部からは出にくくなっていることである。他人（ひと）ごとではつくれないからである。もう一つは、第6章4節で述べたことに関連するが、プロダクトの責任の所在が不明確になってきていることである。工学は、普通は、デザインの手続きについてのみ責任を負う。なんらかの事故が起きた場合、エンジニアに問われるのは、構造計算上の誤りなどの手続き上のミスに起因する責任である。そして、そこにミスがあれば、その設計は間違っていたといわれる。逆にいうと、手続きに間違えがなければ、たとえ設計したプロダクトが社会的な問題を起こしたとしても、その設計自体は問題なしとされる。設計計算をするためには前提条件が必要であるが、その前提条件は一般的には外から与えられ、その前提条件が正しいかどうかはエンジニアの責任の範囲外とされる。今後、工学がプロダクトの在り方に真正面から向き合うのであれば、手続きだけでなく、内容にまで踏み込む必要があるのではないだろうか。

　視点を移そう。外的動機と内的動機のどちらをより強く意識しているかは、最近注目を浴びている「デザイン思考」の解釈の仕方にも現れる。たとえば、d.schoolのプログラムでの「ユーザと共感」するプロセスは、多くの場合、より深いニーズを見出すための手法の一つと理解されているようにみえる。そこでは、デザインの動機は外にある。対して、内的動機を醸成するためのプロセスと解釈することもできる。

つまるところ、海外では内的動機に重点が移っており、その考え方の源として日本の文化にも視線が注がれているにも関わらず、日本は、それに気がついていないように思えるのである。

3　構成的デザインの心構え

◆直感力に自信をもとう

シンセシスの方法を第3章で具体的に示した。参考にしていただけると幸いだが、それをなぞるだけでは、（本来の）シンセシスは行えないことに留意する必要がある。そのためには、第6章で示したように先人の「設計思想」を学び、なによりも「直感力」を磨くことが求められる。「直感的思考」は理由を求めない、というか、理由を考えてはだめである。であるからといって、決して浅い思考ではない。真剣に考える思考である。ならば、どのようにしたら直感力は身につくだろうか。

まずは、試してみることであろう。理由を考えずに、かつ、真剣に意思決定をしてみるのである。そして、なによりも、自らの直感力に気がつき、自信を持つことが重要である。

◆「なぜ人間はデザインできるのか」仮説をもってデザイン教育をしよう

デザイン教育は、「なぜ人間はデザインできるのか」という問いに関する仮説をもって行うべきである。このような仮説は、デザイン教育を科学的に行うために、言い換えると、積み重ねが可能なように行うために必要である。科学的な方法とは、一般的に、仮説⇕検証の構造をとる。では、デザイン教育における仮説とはなにであろうか。一つの仮説は、具体的な教育方法である。理由はともかく、とりあえず、ある方法で教育を行ってみて、その効果を調べるというやり方である。もう一つの仮説は、「人間はなぜデザインできるのか」という問いに対する答えである。もちろん、「人間はなぜデザインできるのか」というもってまわった議論をせずともデザインはできるだろうし、教育方法も構築できる。しかし、それでは、議論の積み重ねが難しいのではないだろうか。たとえ優れたデザイン教育の方法が提案されたとしても、その根拠を明確にできなければ、体系的に発展させることはできないであろう。同じような方法論がなんども提案されたり、同じような議論が何度も繰り返されるようなことが起きるだろう。

筆者は、後者に仮説をおくことが重要であり、その仮説の設定に関与するのがデザイン研究であると考える。

最近、デザインスクールが日本でも数多く試みられている。そこでは、ワイガヤタイプ（みんなでワイワイガヤガヤやって、楽しかった、で終わるようなスクール）や課題解決と称して企業の下請けのようなことをさせるものが少なからず見受けられる。ときに、d.schoolや「デザイン思考」に深く関わっているラリー・ライファーは、筆者らが創刊したジャーナルに寄稿したエッセイでアブダクションについて論じている[6]。d.schoolのような優れたスクールは、こうしたしかるべき理念（考え方）のもとに行われているように思う。他のスクールからその手法を導入する際には、その背後にある理念（考え方）も時間をかけて学ぶ必要があろう。

◆組織として内的動機をもとう

デザインには、必ず発注者がいる。その発注者は、同じ組織内（たとえば会社）にいる場合もあれば、外にいる場合もある。一般的な傾向として、デザインする者は、発注者にいろいろなことを決めさせたがる。もちろん、発注者はある意図をもって発注しているのであるから、仕様を最終的に決定するのは発注者である。であるからといって、デザインの側から提案がないのも寂しい話である。しばしば、筆者は飛行機にのるが、ある航空会社のオーディオの操作パネルが肘掛けの内側につけられていたことがある（その後、手直しされている）。その操作パネルを見るためには、頭を膝くらいまで下げなければならない。やむを得ない事情があったのだろうが、どうしてこのようなことになったのか不思議に思う。デザインした人間は当然気がついていたはずである。また、ある会議に海外から参加者を招いたときに、空港リムジンバスの最寄りのバス停から会場のホテルまでの道順が、ホテルのHPにもバス停にも掲示がないことに気づいた。その参加者の到着時刻が夜遅いので、バス停に降りてから戸惑わないか心配になり、筆者が、公開されている情報だけを頼りにホテルまでたどり着けるかを実地に出向き試してみて分かったのである。今日では道順はインターネットで簡単に検索できるので問題は生じないだろうが、このことからは、ホテルの関係者がそれまでに、客の立場でアクセス情報を確認していなかったように思える。

最近は、ユーザ中心の考え方が流行している。前段で述べたようなことが起きないように、ユーザに寄り添うプロダクトをデザインしようというのである。そのために、ユーザの思考や行動を調べる手法が数多く提案されている。その有用性は否定しないが、話が若干すり替えられていないだろうか。デザインする者が自分で考えれば容易に分かることは、他人に聞く必要はないだろう。そうした手順を踏むことで、組織としてユーザニーズを共有したり、デザインする者の一人よがりにならないようにすることはできるだろうが……。

かりに、アップルコンピュータ社の製品で前述の操作パネルのようなことがあれば、ジョブズは烈火のごとく怒ったのではないだろうか。要するに、他人（ひと）ごとが多すぎるように思える。ユーザを中心におくとは、外からユーザを観察することではなく、ましてや、それを他人に頼むことではなく、デザインする者自らが、ユーザになったつもりになることではないだろうか。たとえ、外から観察したりそれを他人に頼むにしても、自分がユーザのつもりになることに不都合はない。

今後は、組織として内的動機をもつことが必要となろう。さりとて、組織内の人間が全員、内的動機を持つ必要はない。そうすると、組織としては収拾がつかなくなってしまうからである。だれかの内的動機を信用し、それを組織として応援することになろう。そのためには、みえないので難しいが、できる限り動機を共有するための仕組みをつくる必要があろう。

4　構成的デザインの課題

◆Design の邦訳はなにか

Design という英単語は、「設計」もしくは「デザイン」と訳される。そして、英語では、「設計」は Engineering Design であり、「（色彩やカタチの）デザイン」は Industrial Design である。つまり、Design は、「設計」および「（色彩やカタチの）デザイン」を包含しているが、裏を返せば、英語の Design に相当する日本語はないといってよい。たとえば、「デザイン思考」は、英語では Design Thinking である。しかし、両者の意味はいささか異なっているように思える。私事で恐縮だが、筆者は、国際的には Design Thinking の研究者とみられているものの、国内では、デザイン思考の研究者とはみなされていないようである。

本書で議論したような広い意味でのデザインは、国際的にはその重要性が理解されており、現実に、海外の多くの大学では、そのための教育が始まっている。ところが、日本では、広い意味でのデザインの概念が定着していないように思える。その理由の一つに、「Design」と「デザイン」と「設計」の間の意味的なギャップがあるとするならば、それは日本にとって根の深い（解決にかなりの努力を要する）、場合によっては致命的な課題であるかもしれない。

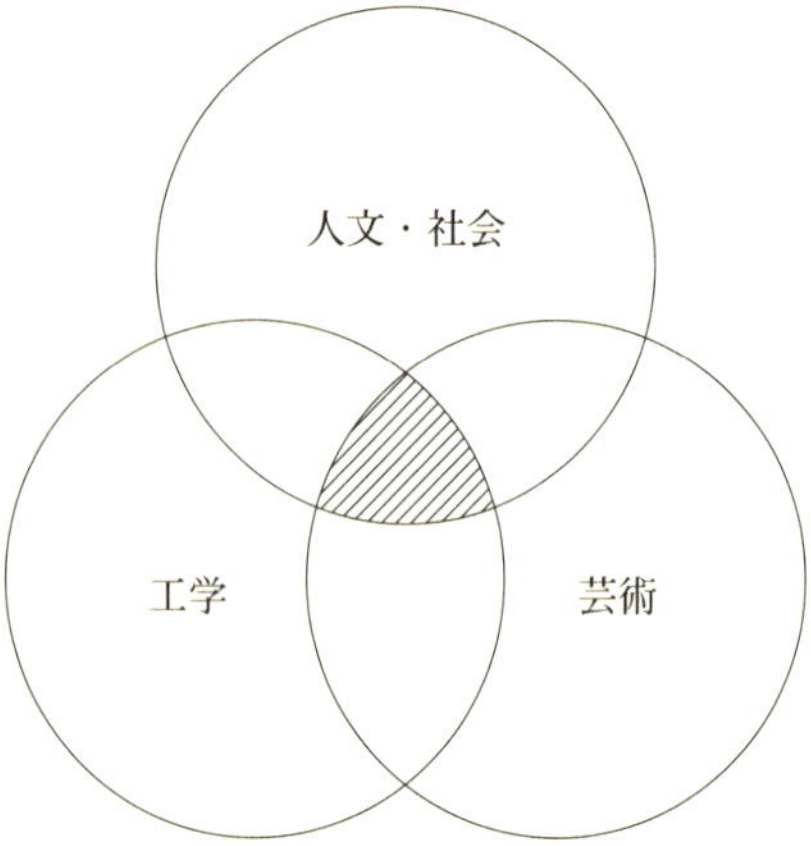

図8－4　質的イノベーション時代の求める人物像

◆質的イノベーション時代の人材は、人文・社会系か、芸術系か、工学系か

質的イノベーション時代に求められる人材とは、「設計思想家」と称されるような、プロダクトだけを見るのではなく、社会を見渡し、将来を見据えられる人物であろう。そして、豊富な知識に加え、未来に対するするどい洞察力と、なによりも、研ぎすまされた感性と確固たる内的動機をもちあわせた人物であろう。また、抽象を操ってものごとを考えられる「構成的思考力」が期待される。

このような人材は、どのように育成したらよいだろうか。本書のキーワードである、「科学技術」「社会・思想」「直感力・内的動機」からは、それぞれ「工学」「人文・社会」「芸術」の領域が想起される。求められる人材は、それらの融合領域で育成することになろう（図8－4）。まさにシンセシスである。図らずも、これと全く同じ三本柱による教育が、オーリン工科大学で始まっている[7]。日本においても、緊急の課題としてこのような教育組織をつくる必要がある。

学生は、それぞれの領域の学部を経て、この融合領域の大学院で学ぶことになろう。ここで問題となるのは、日本の主要な研究大学の多くが芸術学部を擁していないことである。このようなことは、世界的にみても希有である。大学がどのような学問から構成されているかは、学術に対する姿勢や理念を表している。

5　不測に立ちて無有に遊ぶ

本書の締めくくりとして、荘子の「不測に立ちて無有に遊ぶ」という言葉を紹介したい。玄侑は、「不測に立ちて」とは、「何も予測せずに無心でいることが一番強い。予測とはまさに人為であり、人を不自由にする」という意味であり、「無有に遊ぶ」とは「みらいはここにないのだから、ないという今を遊ぶ」と解釈している。そして、「完全なる受け身。それが本当の自由だ」と述べている[8]。加えて、筆者は、「不測に立ちて」に「現状の延長でみらいを考えることへの憂い」を感じ取り、「遊ぶ」に「心の響きに任せる自由意思（自由な思考）」を読み取る。そうすると、荘子の言葉は、本書の本旨に極めてよく整合していることになる。未来シナリオを描く手法が、「予測」ではなく「洞察」という用語を用いていることにも通じる。とはいえ、荘子は、作為的に先を考えることへの懸念を示したのであり、決して、現状からは想定できないような「（遠い）みらい」の受け止め方についてまでは語っていないといわれるだろう。しかるに、荘子のこの言葉には余りにもつまびらかに本書の心が凝縮されているように、筆者は感じとるのである。すなわち、「時として、みらいは予測できない（不測に立ちて）。無理に予測することはせずに、あるがままの自分の心に静かに聞きなさい（無有に遊ぶ）」と。

注

1　各名詞ごとに、組み合わされた二つの概念（ネコとハムスターの組み合わせ、および、ネコと魚の組み合わせ）、ならびにデザインのターゲットのカテゴリ（家具）からの距離を概念辞書上の距離（ステップ数）として求め、それらの二つの距離の二乗和平方根（原点からの距離）を算出し、それらの（全ての名詞に対する）平均値を思考の広がりの程度としている。

おわりに

人間とは何かを考えずにはいられない生き物である。そして、なにかをつくらずにはいられない生き物である。正確にいうと、そのような人が世の中には少なからずいる。その人達にすれば、目的論や問題解決の枠組み（筆者は、デザインの文脈では、両者はほぼ同類と考えている）に押し込められるのが苦痛である。

なにげない行動でも、後から振りかえれば、なにかの目的のために行動したようにみえる。なんらかの行動をするとなんらかの変化が外部に生じるので、その変化が目的のようにみえるのである。であるからといって、その人間が、あらかじめその目的を意図して行動したとは限らない。後付けで解釈できることと、行動の意図を混同してはならない。第8章1節で述べたのと同じ議論である。

我々は、研究論文を書く。はじめに研究の目的を書いて、次に研究の方法を書いて、続いて、結果を書いて、という順番である。けれども、実際に行った順番はその逆である。ああだ、こうだ、といろいろと試行錯誤をしているなかで方法がみつかり、その方法で実験をしてみたら良い結果が得られた、では発表しよう、という流れである。そして、結果に合うように論文のための目的が「でっちあげられる」のである。あたかも、その目的が前もって設定されており、その目的のためにある方法が定められ、粛々と研究が進んだかのごとく書くのである。いや、そんなことはないという意見も多いであろう。それは、実験を行うこと自体が研究の目的である場合である。実験は、きちんとしなくてはならない。あらかじめ目的や目標を定め、手順を細かく決める必要がある。そして、実験の過程で思わぬ発見があれば、それが面白いのである。このような研究では、研究計画書と論文はほぼ同じ内容となろう。

前もって目的が与えられると、第7章1節で述べたように、思考の範囲が制限され窮屈になる。自由な発想（自由な思考）を期待するのであれば、目的は途中で見出されるようにするのが良い。しかし、我々はいろいろな局面で最初に目的を言わされる。研究計画書がそうであり、事業計画もそうであろう。予算を申請する場合には、かならずその目的を申請書に書かされる。それは、どうしてなのだろうか。組織を運営するための方便なのかもしれない。組織を効率よく運営するためには、目的論や問題解決の枠組みは実に便利である。全体の目的は……であるからと、それぞれの部署がその下位の目的を設定し、さらに、それが各個人にブレークダウンされていけば、全体が無駄なく活動できる。その効果は、「効率」を追求するような局面においては、遺憾なく発揮される。

実際、これまでは有効に機能してきた。本書でいうところの量的イノベーションである。だが、革新的なアイデアを生み出すことが求められている状況では機能不全に陥る。問題解決を指向する組織は、その目的や目標が内部からは出にくい構造となっているからである。

問題解決を指向すると、「考え方」がおざなりになることがある。それは、解を正確にして効率的に求めることに注意が集中するからである。そのため、「考え方」は、これまであまり意識されてこなかったように思える。たとえば、日本中のエンジニアおよび工学研究者のなかで、その知識の基本中の基本である「力」について「なんだろう」と考えたことのある人はほとんどいないだろう。それでほとんど不都合はないようにみえる。ところが、第5章4節で示したように、極めて基本的な問題が解けない。それは、力とは、実在しないであろう仮定のパラメータであって感覚とは必ずしも一致しないという「力学の考え方」が分かっていないからである。このままでは、エンジニアがとっさに判断する際に間違いを起こすのではないかと心配される。実は、私自身もエンジニアないし機械工学科の教員としてほぼ四十年にわたって「力」と密に接してきたが、その考え方を意識し始めたのはごく最近である。

ひるがえって、構成的デザインでは「考え方」が主役である。「考え方」は、ある動機のもとに、ある直感を感じとり、ある仮説をつくる、という抽象を操るプロセスに連動して生じる。そして、設計思想に反映される。

ときに、「考え方」は、経験談として聞かされる。きちんと教えられることはあったのかと思い返してみると、たしかにあった。

私が通った武蔵中学校において、中学一年のときに、当時校長を務めておられた数学者の正田健次郎氏から何回か授業を受けたことがある。そこでは、整数論のようなものを教えていただいたように思う。素数やn進法について講義を受けた。我々が当たり前だと思っている数の数え方が、一つの考え方に過ぎないと知り、びっくりした記憶がある。他の教員からは、これから習う幾何はユークリッド幾何学というものであって、そうでない非ユークリッド幾何学というものがあると説明を受けた。そうなんだと思った。大学では、杉浦光夫氏から解析の講義を受けた。極めて難解な講義であったが、数学は考え方なんだなということだけは分かった。残念ながら「力」については、それが考え方だと教えられた記憶がない。どの教科書をみても、仮定のパラメータとは書いていない。大学の教科書に至っては無定義である。対して、エンジニアリングの現場では、「考え方」が重要だと指導されたように思う。たとえば、最弱部という考え方を教わった。私が担当した圧延設備についていえば、最悪でも、復旧に長期間を要する箇所だけは壊れないように駆動系全体の強度バランスを考慮するのである。もちろん、通常の負荷に対しては十分に耐えられるように計算してある。それでも、万が一のときに備えて、壊れる場所を前もって決めておくのである。この考え方は、第6章で紹介した「やわらかく壊れる建物」とも共通している。振り返ってみると、いろいろな方から大切なことを教わった。

ある「考え方」について述べる際は、それが一つの考え方であると明示することが重要である。

いや、それだけいえばよい。それで、分かる。逆にいうと、それをいわないから分からなくなるのである。普通は、「分かる」ためには、「なぜ」を聞く。ところが、たとえば、直感は理由を求めない。そのため、「なぜ」と聞かれてもこたえようがない。それが「考え方」だとだけいえばよい。実際、第7章で紹介したスクールでは、直感的にシンセシスの素材を選ぶ際に、その理由は聞かないことにしている。かりに、ネコを選んだのであれば、それは、自分の好みだ、もしくは、ピンときたから、といえばよいのである。それを聞けば安心する。

「考え方」は重要であるが、それだけではなにもできない。質的イノベーションや構成的デザインはそれ単独では存在し得ないからである。質的イノベーションは量的なイノベーションを伴う。同様に、構成的デザインには分析的デザインが不可欠である。つまり、アナリシス的思考とシンセシス的思考の比率が問題なのである。それは、コレステロールについて悪玉と善玉の比率が問題となるのと同じである。そこで、アナリシス的思考とシンセシス的思考の比率をAS比とよび、その比率を下げることを考えたらどうだろうか。ここで、Aはアナリシスで、Sはシンセシスである。個人としての比率もあれば、組織としての比率もあるだろう。

いよいよ、筆を置くときが迫ってきたが、その前に個人的なことを少しばかり述べさせていただきたい。私が設計ないしデザインの研究を始めて三十年余りが経つ。この間、いろいろな研究をしてきた。そして、本書の文脈からは、「直感的」に研究をしてきたといえよう。流行っているテーマでもない、役にたつわけではない、まして、何かの問題を解決するためのものでもない（いや、問題を起こしたかもしれないが）ような課題に取り組んできた。要するに、興味の赴くままにやってきたといえよう。そうすると、不思議なことに、それらの研究が一つにまとまるのである。本書の主な内容は、ここ数年の間に考えたことであるが、その個々のテーマは全く別々のものとして始めた。「設計思想」は「設計思想」であり、「直感」は「直感」であり、「デザインスクール」は「デザインスクール」であった。それが、やっているうちに関連がでてきて、なんとか一冊の本にまとまった（と思う）。こうなるとは、まったく想定していなかった。こうしたことは、前書（『創造デザイン工学』東京大学出版会、*"Creative Design Engineering"* Elsevier）や前々書（*"Concept Generation for Design Creativity"* Springer）でも同じであった。

これまで、催しの「場」にもこだわってきた。以降に、私が運営に関わった大会・国際会議・ワークショップがどのような場所で開催されたか紹介させていただきたい。二〇〇六年の日本デザイン学会第五十三回研究発表大会では、初日の会場は金沢二十一世紀美術館であった。技術と文化をテーマに、奈良ホテルで国際ワークショップを開催したときには、唯一そこから興福寺の五重塔が見える部屋を会場とした。神戸で開催した二〇〇九年度精密工学会秋季大会では、海をテーマとし、特別講演と懇親会は海辺のホテルにわざわざ会場を移した。神戸大学が所有する練習船を借り切って瀬戸内海をクルーズしながら、デザインの創造性と文化をテーマに、洋上セミナーを開いたこともある。船を高松港に停泊させたままフェリーで直島に渡り美術館を見学した。二〇一〇年に開催した国際会議は、大学の教室ではなく、国際会議場で開いた。懇親会では、瀬戸内海をクルーズしたり、ホテルの高層階から夜景を楽しんだ。いずれも好評だった（と思う）。国際会議および国際ワークショップについてはその論文集をSpringerから出版し、少なからずダウンロードされているようである。これらの活動は、さらに、ジャーナルの創刊へとつながった（International Journal of Design Creativity and Innovation: Taylor & Francis）。

私自身が考え事をした「場」にも思い入れがある。神戸大学の執務室からは、神戸の海が見下ろせた。良い眺めであった。神戸製鋼所の高炉も間近に見えた。製鉄所に勤務していた頃をよく思い出した。休日には、必ずといってよいほど、自宅近くの武庫川の川縁を歩いた。どこか西洋的な雰囲気の漂う風景であった、通いの喫茶室では、ベランダに置いてある鉢植えの花を眺めながらよく考え事をした。今もそうである。

先に述べたように、本書の背景には、多くの方々からの教えがある。とりわけ、吉川弘之氏、村上陽一郎氏、今道友信氏、平澤泠氏、岩田一明氏、北村新三氏、岩田修一氏、溝口理一郎氏、上田完次氏、角田譲氏、福田収一氏、松居英雄氏、清水邦利氏の諸先生ないし諸先輩からは、直接的ないし間接的に大切なことを学んだように思う。また、学会等の研究会における議論は、具体的な糧となった。たとえば、筆者らがDesign Society内に設立したDesign Creativity研究部会が開催した幾多のワークショップおよび国際会議は常に刺激的なものであった。日本デザイン学会の「創造性研究部会」や日本認知科学会の「デザイン・構成・創造に関する研究部会」等の研究会では、かなり深い議論が行われた。

そして、本書のそれぞれの内容については、具体的に多くの方々の協力を得ている。第1章でのイノベーションの事例分析は、神戸大学の妻屋彰氏と山田香織氏との三名で行った。第3章で紹介したシンセシスの方法論は、永井由佳里氏との共同研究にもとづく。第4章で紹介したシミュレーションは山本英子氏が中心となり行ったものである。第7章のデザインスクールは、カーネギーメロン大学の嶋田憲司氏との共催である。実際には、山田香織氏および妻屋彰氏を中心に、貝原俊也氏、横小路泰義氏、佐藤隆太氏の協力のもとに運営された。

なお、本書を上梓するに際しては、鷲田祐一氏から多大の協力と励ましを得た。それなくしては、本書は出版に至らなかったように思う。心より感謝申し上げたい。また、勁草書房の永田悠一氏には大変お世話になった。具体的に的確なアドバイスをいただき、内容が大幅に洗練された。

ところで、この三十年余り興味の赴くままにやってきたということは、家族にそれだけ負担をかけたことでもある。最後になるが、家族にも感謝したい。

索　引

◆数字・アルファベット

3D プリンタ　105, 108
9 点問題　20, 58
blending　44
d.school　116
Design　2, 159
empathize　6, 116
fixation　21, 31, 58
IDEO　116
NC 工作機械　11
PBL　115
property mapping　41
VR（バーチャルリアリティ）　121
WordNet　77

◆ア　行

アナリシス　27, 63, 73
アブダクション　66
アポロ 13 号　24
暗黙知　89
生き物　120
異常時に関する設計思想　105
イノベーション　2
　質的イノベーション　3, 33, 50, 74, 154, 160, 167
　量的イノベーション　3, 33, 50, 73, 165
イノベーション百選　9
インダクション　68
隠喩　38
ウォークマン　11
浮世絵　15
江戸時代　14
　勤勉革命　14
　大衆文化　14
　お伊勢参り　14
　浮世絵　15
　歌舞伎　15
演繹推論　66
お伊勢参り　14
大平貴之　113
オーリン工科大学　160
折刃式カッターナイフ　28, 38, 40, 51
音叉のような共鳴器　61, 75, 85, 101, 119, 144, 147, 149, 151

◆カ　行

外的動機　107, 150, 154
概念辞書　77
科学技術　2, 5, 7, 99, 100, 109, 160
革新的なプロダクト　6, 8, 26, 47, 50, 70, 74, 87, 97, 106, 113, 115, 154
仮説　66, 73, 85, 88, 120, 147, 149,

156, 165
原因仮説　67
説明仮説　67
作業仮説　67
真の仮説　68, 87
仮説推論　66
仮想の概念　87
仮定のパラメータ　83, 87, 96, 102, 165
家庭用ビデオ　11
歌舞伎　15
川瀬巴水　151
勘　63
感性　4, 5, 57, 58, 61, 75, 101, 107, 113, 151, 160
機能　46
帰納推論　68
技術　1
虚数　101
教育方法　89, 115, 119, 156
デザインスクール　115, 146, 156
PBL　115
IDEO　116
デザイン思考　116, 154
d.school　116
勤勉革命　14
具体化　41, 45, 76, 118
クリステンセン, クレイトン　27, 120
経験　57, 63, 74, 84, 89, 93, 110, 165
携帯型音楽プレーヤ　3, 11, 47, 122
ゲイツ, ビル　27, 31, 38, 70, 76, 146
原因仮説　67
原子力　17, 99–101, 109, 112
合意形成　149
構成的　32
構成的デザイン　73, 82, 88, 108, 117, 120, 142, 145–147, 149, 150, 155, 165, 167
構成的思考力　85, 88, 95, 97, 115, 160
効率　149, 154
固執解放型　21, 34, 51, 52, 73
問題意識　25, 33, 107
問題解決　31, 34, 50, 52, 66, 73, 107, 116, 120, 144, 145, 163
ホンダジェット　21, 24, 31, 34, 74, 84, 103, 106, 107, 113, 151
ことば　86, 92, 93

◆サ　行

差異性　95
最適性　69
作業仮説　67
三次元形状モデル（CAD モデル）　118
シーズ先導型デザイン　7
ジェロ, ジョン　34
時間　87, 101
時間の先取り　87
自己言及システム　71
システム　14, 71, 153
自然　5, 151, 153
自然界　5, 151

自然法則　82
質的イノベーション　3, 33, 50, 74, 154, 160, 167
　文化芸術　4
　携帯型音楽プレーヤ　3, 11, 47, 122
　日本語ワードプロセッサ　11
　家庭用ビデオ　11
視点の発見　31, 32, 34, 51, 52
自動車　4, 64, 98, 99
シミュレーション　59
捨象　86
社会　2
自由な思考　71, 118, 161, 164
自由連想　32, 58
ジョブズ，スティーブ　27, 31, 38, 56, 61, 62, 70, 76, 101, 105, 108, 113, 146, 151
新幹線 500 系　27, 38, 41, 51
心象　86
シンセシス　27, 63, 88, 95
　本来のシンセシス　32, 52, 63, 65, 69, 71, 73, 74, 95, 119, 138, 142, 144, 147, 155
シンセシス型　27, 50–52, 58, 63, 74
　メタファ型　38, 51
　ブレンディング型　38, 42
　場との組み合わせ型　46
心的空間　43
真の仮説　68, 87
推論　66
　アブダクション　66
　ディダクション　66
　インダクション　68
　仮説推論　66
　演繹推論　66
　帰納推論　68
スキャンニング・マテリアル　126
成功体験　58
生産性の向上　3, 13, 14, 33, 50
生物模倣設計　120
生分解性プラスティック　106, 109
設計解　66, 73, 84, 103, 146
設計思想　89, 97, 155, 165
　平常時に関する設計思想　105
　異常時に関する設計思想　105
　ホンダジェット　21, 24, 31, 34, 74, 84, 103, 106, 107, 113, 151
　零戦　105
　3D プリンタ　105, 108
　生分解性プラスティック　106, 109
　やわらかく壊れる建物　106, 109
　プラネタリウム（メガスター）　101, 107, 113
設計思想家　113, 160
　ジョブズ，スティーブ　27, 31, 38, 56, 61, 62, 70, 76, 101, 105, 108, 113, 146, 151
　藤野道格　113
　大平貴之　113
説明仮説　67
セレンディピティー　76

零戦　105
線形　121, 144
前提条件　68, 102, 111, 154
先入観　20, 58, 61, 74
漸進説　143
専門的直観　57
戦略的直観　57
荘子　161
創造性　19, 58, 101, 144, 168
　ひらめき　26, 57, 61, 74, 84, 151
　連想　26, 59, 143, 148
　逐次的　23, 26, 143, 147
　漸進説　143
創造的思考　20, 33, 51, 58, 63, 73, 143
　固執解放型　21, 34, 51, 52, 73
　シンセシス型　27, 50–52, 58, 63, 74
属性転写　41

◆タ　行

第一の抽象　86
第二の抽象　86
第三の抽象　86
大衆文化　14
ダガン，ウィリアム　26, 33, 57, 74, 152
力　68, 86, 93, 96, 165
逐次的　23, 26, 143, 147
抽象　40, 85, 160
　第一の抽象　86
　第二の抽象　86
　第三の抽象　86
　捨象　86
　抽象画　86
　心象　86
　仮想の概念　87
　時間の先取り　87
抽象化　40, 76, 88
抽象画　86
抽象概念　86, 90, 95, 101
直感　33, 57, 63, 73, 85, 88, 108, 118, 119, 144, 147, 149, 150, 165
直観　33, 56, 57, 63, 73
直感力　56, 119, 120, 155, 160
ディダクション　66
デザイン　2, 159
　ニーズ先導型デザイン　6
　シーズ先導型デザイン　7
　プロダクト先導型デザイン　7, 17, 33
　構成的デザイン　73, 82, 88, 108, 117, 120, 142, 145–147, 149, 150, 155, 165, 167
　分析的デザイン　73, 82, 107, 116, 118, 146, 149, 150, 167
デザイン思考　116, 154
デザインスクール　115, 146, 156
　構成的思考力　85, 88, 95, 97, 115, 160
　分析的思考力　85
　直感　33, 57, 63, 73, 85, 88, 108, 118, 119, 144, 147, 149, 150, 165
　シンセシス　27, 63, 88, 95
　三次元形状モデル（CAD モデル）　118
　生き物　120
　未来社会　110, 117, 118, 121

未来シナリオ　121, 142, 161
未来洞察　6, 121
VR（バーチャルリアリティ）　121
動機　106, 150, 153, 165
外的動機　107, 150, 154
内的動機　107, 113, 150, 154, 158, 160
ときめき　61
トヨタ生産方式　12

◆ナ　行

内的動機　107, 113, 150, 154, 158, 160
ニーズ先導型デザイン　6
日本語ワードプロセッサ　11
日本刀　4

◆ハ　行

場　46
パース，チャールズ　67
バイオミメティックス　120
場との組み合わせ型　46
機能　46
場　46
ポケモンGO　48
携帯型音楽プレーヤ　3, 11, 47, 122
非線形　6, 118, 121
他人ごと　152, 158
ヒューリスティック　57
ひらめき　26, 57, 61, 74, 84, 151
フィンケ，ロナルド　38
フォコニエ，ジル　43
藤野道格　113
不測　161
物理現象　82, 101, 153
プラネタリウム（メガスター）　101, 107, 113
ぶれない　62, 113
ブレンディング　43
ブレンディング型　38, 42
心的空間　43
マッキントッシュ　26, 27
プロダクト　2
革新的なプロダクト　6, 8, 26, 47, 50, 70, 74, 87, 97, 106, 113, 115, 154
未知のプロダクト　18, 68, 115, 119, 121, 136, 142
プロダクトの目的や目標　70, 73, 120, 123, 124, 145, 146, 150
プロダクト先導型デザイン　7, 17, 33
ブロンズ　5
文化芸術　4
分析的思考力　85
分析的デザイン　73, 82, 107, 116, 118, 146, 149, 150, 167
平常時に関する設計思想　105
ポアンカレ，ヘンリ　67
ポケモンGO　48
補助線　67
ポストイット　76
ポラニー，マイケル　64, 89
堀越二郎　113
ホンダジェット　21, 24, 31, 34, 74, 84, 103, 106, 107, 113, 151
本来のシンセシス　32, 52, 63, 65, 69, 71, 73, 74, 95, 119, 138, 142,

144, 147, 155

◆マ　行
マッキントッシュ　26, 27
みえないもの　101, 105, 158
　感性　4, 5, 57, 58, 61, 75, 101, 107, 113, 151, 160
　虚数　101
　音叉のような共鳴器　61, 75, 85, 101, 119, 144, 147, 149, 151
　時間　87, 101
　抽象概念　86, 90, 95, 101
　仮定のパラメータ　83, 87, 96, 102, 165
未知のプロダクト　18, 68, 115, 119, 121, 136, 142
みらい　86
未来シナリオ　121, 142, 161
未来社会　110, 117, 118, 121
未来洞察　6, 121
メタファ　38, 51, 119
メタファ型　38, 51
　レトリック　38, 42
　メタファ型（亜種タイプ）　52
　メタファ型（問題解決タイプ）　52
メタファ型（亜種タイプ）　52
　ロボット掃除機　29, 38, 41, 51
メタファ型（問題解決タイプ）　52
　新幹線 500 系　27, 38, 41, 51
　折刃式カッターナイフ　28, 38, 40, 51
目的や目標　164, 165
　プロダクトの目的や目標　70, 73, 120, 123, 124, 145, 146, 150
モチベーション　106
モネ，クロード　16
問題意識　25, 33, 107
問題解決　31, 34, 50, 52, 66, 73, 107, 116, 120, 144, 145, 163

◆ヤ　行
夜景　4
やわらかく壊れる建物　106, 109
郵便物自動処理装置　11
吉川弘之　90

◆ラ　行
ライファー，ラリー　157
力学　67, 86, 93, 94, 96, 165
利便性の向上　3, 13, 33, 50
量的イノベーション　3, 33, 50, 73, 165
　利便性の向上　3, 13, 33, 50
　生産性の向上　3, 13, 14, 33, 50
　郵便物自動処理装置　11
　NC 工作機械　11
　トヨタ生産方式　12
類似性　95
レトリック　38, 42
連想　26, 59, 143, 148
ロボット掃除機　29, 38, 41, 51

◆ワ　行

ワイスバーグ，ロバート　21

参考文献

第 1 章

［1］田浦俊春『創造デザイン工学』，東京大学出版会（2014）.

［2］G.Georgiev, Y.Nagai and T.Taura 「Understanding the Bases of Design Impressions of Natural or Artificial: Survey of Cognition in Different Regions」, Proceedings of the 60th Annual Conference of JSSD, 34–35.（2013）.

［3］http://dschool.stanford.edu/（2017 年 6 月 30 日参照）.

［4］鷲田裕一（編）『未来洞察のための思考法』，勁草書房（2016）.

［5］http://koueki.jiii.or.jp/innovation100/index.html（2017 年 6 月 30 日参照）.

［6］田浦俊春・妻屋彰・山田香織「イノベーションのためのデザインの新機軸—科学技術と社会をつなぐシンセシスの役割」，マーケティング・ジャーナル（2018）（掲載予定）.

［7］https://www.boj.or.jp/statistics/sj/sjexp.pdf（2017 年 6 月 30 日参照）

［8］速水融『近代日本の経済社会』，麗澤大学出版会（2003）.

［9］速水融・宮本又朗（編）『経済社会の成立 17–18 世紀（日本経済史 1）』，岩波書店（1988）.

［10］竹内誠監修『江戸時代館』，小学館（2002）.

［11］浜野潔他『日本経済史 1600–2000—歴史に読む現代』，慶応義塾大学出版会（2009）.

［12］鈴木一義「日本の歴史のなかのモノづくり」，『技術知の位相』，197–213. 東京大学出版会（1997）.

第 2 章

［1］J.Gero「Future Directions for Design Creativity Research」,『Design Creativity 2010, T.Taura and Y.Nagai (eds.)』, Springer

(2010).
[2] T.Taura and Y.Nagai『Design Creativity 2010』, Springer (2010).
[3] T.Taura and Y.Nagai『Concept Generation for Design Creativity』, Springer (2012).
[4] D. Jansson and S. Smith「Design Fixation」, *Design Studies*, 12 (1), 3–12. (1991).
[5] 杉本貴司『大空に賭けた男たち―ホンダジェット誕生物語』, 日本経済新聞出版社 (2015).
[6] https://images.privatefly.com/images/aircraft/Gulfstream-G550-PrivateFly-AA9584.jpg; http://jp.hondajet.com/gallery-and-downloads/#0 (ともに 2017 年 10 月 23 日参照).
[7] R・ワイスバーク著, 大浜幾久子訳『創造性の研究―つくられた天才神話』, メディアファクトリー (1991).
[8] S. Glucksberg and R. W. Weisberg「Verbal behavior and problem solving: Some effects of labeling in a functional fixedness problem」, *Journal of Experimental Psychology*, 71 (5), 659–664. (1966).
[9] M. Fujino「Case Study 4 HondaJet」,『Fundamentals of Aircraft and Airship Design, Volume Two: Airship Design and Case Studies, G. E. Carichner and L. M. Nicolai (eds.)』, American Institute of Aeronautics and Astronautics (2013).
[10] H・クーパー著, 立花隆訳『アポロ 13 号奇跡の生還』, 新潮社 (1994).
[11] W・ダガン著, 杉本希子・津田夏樹訳『戦略は直観に従う―イノベーションの偉人に学ぶ発想の法則』, 東洋経済新報社 (2010).
[12] C・クリステンセン, J・ダイアー, H・グレガーセン 著, 櫻井 祐子訳『イノベーションの DNA―破壊的イノベータの 5 つのスキル』, 翔泳社 (2012).
[13] 桑原晃弥『スティーブ・ジョブズ名語録』, PHP 文庫 (2010).
[14] 田浦俊春『創造デザイン工学』, 東京大学出版会 (2014)
[15] http://www.birdfan.net/fun/etc/shinkansen/ (2017 年 7 月 14 日参照).
[16] http://www.asahi-net.or.jp/˜eg6f-tkhs/tetu/JRsinkansen2.htm; https://commons.wikimedia.org/wiki/File:JRW-500_V2_522-7002.jpg (ともに 2017 年 10 月 23 日参照).

[17] http://www.olfa.co.jp/ja/（2017 年 7 月 14 日参照）.

第 3 章

[1] R. フィンケ他著，小橋康章訳『創造的認知―実験で探るクリエイティブな発想のメカニズム』，森北出版（1999）.
[2] T. Taura and Y. Nagai『Concept Generation for Design Creativity』, Springer（2012）.
[3] 田浦俊春『創造デザイン工学』，東京大学出版会（2014）.
[4] 佐藤信夫『レトリック感覚』，講談社学術文庫（1992）.
[5] G・フォコニエ著，坂原茂・田窪行則・三藤博訳『思考と言語によるマッピング―メンタル・スペース理論の意味構築モデル』，岩波書店（2000）.
[6] http://www.asahi.com/articles/ASJ7Q3DZ8J7QPLFA001.html（2017 年 10 月 23 日参照）.

第 4 章

[1] S・ジョブズ，スタンフォード大学卒業式でのスピーチ（2005）.
[2] 船井幸雄『直感力の研究』，PHP 研究所（1993）.
[3] 羽生善治『直感力』，PHP 研究所（2012）.
[4] W・ダガン著，杉本希子・津田夏樹訳『戦略は直観に従う―イノベーションの偉人に学ぶ発想の法則』，東洋経済新報社（2010）.
[5] G・キーゲレンツァー著，小松淳子訳『なぜ直感の方が上手くいくのか』，インターシフト（2010）.
[6] M・グラッドウェル著，沢田博・阿部尚美訳『第 1 感「最初の 2 秒」の「なんとなく」が正しい』，光文社（2010）.
[7] 新辞林（直感，直観），三省堂（1999）.
[8] M. Sinclair（ed.）『Handbook of Intuition Research』, Edward Elgar（2011）.
[9] P.Badke-Schaub and O.Eris,「A Theoretical Approach to Intuition in Design: Does Design Methodology Need to Account for Unocnscious Processes?」,『An Anthology of Theories and Models of Design, A.Chakrabarti and L.Blessing (eds.)』, 353–370. Springer（2011）.
[10] D. Durling「Intuition in Design - A perspective on designer's creativity -」,『Bulletin of 4th Asian Design Conference: Interna-

tional Symposium of Design Science』(1999).
[11] T. Taura, E. Yamamoto, M.Y.N. Fasiha, M. Goka, F. Mukai, Y. Nagai and H. Nakashima「Constructive simulation of creative concept generation process in design: A research method for difficult-to-observe design-thinking process」, *Journal of Engineering Design*, 23 (4) – (6), 297–321. (2012).
[12] T. Taura, E. Yamamoto, M.Y.N. Fasiha and Y. Nagai「Virtual impression networks for capturing deep impressions」,『Design Computing and Cognition' 10, J. Gero (ed.)』, 559–578. Springer (2011).
[13] T.Wilson, D. Lisle, J.Schooler, S.Hodges, K.Klaaren and S.LaFleur「Introspecting About Reasons Can Rreduce Post-Choice Satisfaction」, *Personality and Social Psychology Bulletin*, 19 (3), 331–339. (1993).
[14] 桑原晃弥『スティーブ・ジョブズ名語録』, PHP 文庫 (2010).
[15] 哲学事典 (全体論), 平凡社 (1995).
[16] M・ポラニー著, 佐藤敬三訳『暗黙知の次元』, 紀伊國屋書店 (1993).
[17] 吉川弘之・田浦俊春「一般設計学のプロセス知」,『技術知の位相』, 91–106. 東京大学出版会 (1997).
[18] 吉川弘之「歴史科学としての新しい工学体系」,『技術知の位相』, 3–21. 東京大学出版会 (1997).
[19] 米森裕二『パースの記号学』, 勁草書房 (1992).
[20] J・ポアンカレ著, 河野伊三郎訳『科学と仮説』, 岩波文庫 (2015).
[21] G・ポール, W・バイツ著, K・ワラス編, 設計工学研究グループ訳『工学設計 体系的アプローチ』, 培風館 (1995).
[22] 田浦俊春『創造デザイン工学』, 東京大学出版会 (2014).
[23] T.Taura and Y.Nagai『Concept Generation for Design Creativity』, Springer (2012).
[24] 田浦俊春「現代デザイン思考 –技術と意味の時代の創造性–」, 横幹, 10 (1), 5–13. (2016).
[25] R・ロバーツ著, 安藤喬志訳『セレンディピティー 思いがけない発見・発明のドラマ』, 化学同人 (1993).
[26] C. Fellbaum (ed.),『WordNet: An Electronic Lexical Database』, MIT Press (1998).

第5章

［1］村越修平・田浦俊春・小山照夫・川口忠雄「設計支援のための自然法則知識の体系化―自然法則間の関係に注目した体系化，計測自動制御学会論文集，35（10），1316–1325．（1999）．

［2］田浦俊春『創造デザイン工学』，東京大学出版会（2014）．

［3］M・ポラニー著，佐藤敬三訳『暗黙知の次元』，紀伊國屋書店，（1993）．

［4］吉川弘之「歴史科学としての新しい工学体系」，『技術知の位相』，3–21．東京大学出版会（1997）．

［5］入不二基義『時間は実在するか』，講談社現代新書（2002）．

［6］植村恒一郎『時間の本性』，勁草書房（2002）．

［7］佐伯胖『子どもと教育「わかる」ということの意味』，岩波書店（1995）．

［8］長尾真『「わかる」とは何か』，岩波新書（2013）．

［9］山鳥重『「わかる」とはどういうことか』，ちくま新書（2013）．

第6章

［1］高岡義幸『持続的成長のためのコーポレートガバナンス―株式会社設計思想からの考察』，広島経済大学出版会（2015）．

［2］松本昭『まちづくり条例の設計思想』，第1法規（2005）．

［3］T. Taura, Y. Nagai and G.V. Georgiev 「Editorial」，*International Journal of Design Creativity and Innovation,* 2（4），183–185．（2014）．

［4］http://www.megastar.jp/msnt/mega_star/megaspirits.html（2017年8月4日参照）．

［5］桑原晃弥『スティーブ・ジョブズ名語録』，PHP文庫（2010），

［6］田浦俊春『創造デザイン工学』，東京大学出版会（2014）．

［7］加藤寛一郎『エアバスの真実―ボーイングを超えたハイテク操縦』，講談社文庫（2002）．

［8］新辞林（思想），三省堂（1999）．

［9］加藤博雄「零戦の設計・試作過程と人命軽視の技術思想」，科学史研究Ⅱ，32，157–161．（1993）．

［10］佐々木幹朗『やわらかく、壊れる』，みすず書房（2003）．

［11］田浦俊春「現代デザイン思考―技術と意味の時代の創造性」，横幹，10（1），5–13．（2016）．

[12] 日本原子力学会　東京電力福島第一原子力発電所事故に関する調査委員会『福島第一原子力発電所事故　その全容と明日に向けた提言―学会事故調　最終報告書』，丸善出版（2014）.

第 7 章

[1] 金子成彦・渡邉辰郎「東京大学における PBL 教育の一事例」，設計工学，37（4），11-18.（2002）.
[2]「新しい工学教育の試み」特集号，工学教育，50（3），（2002）.
[3] https://www.ideo.com/post/design-thinking-for-educators（2017 年 8 月 3 日参照）.
[4] http://dschool.stanford.edu/wp-content/upload/2013/10/METHODCARDS-v3-slim.pdf（2017 年 8 月 3 日参照）.
[5] 仙石正和「工学教育の変遷と工学研究の広がり」，*Fundamentals Review,* 9（1），5-13.（2015）.
[6] 有信睦弘「社会と連携したイノベーション教育の必要性と重要性」，工学教育，63（1），13-17.（2015）.
[7] 前野隆司「システム×デザイン教育の創造と実践」，工学教育，63（1），43-47.（2015）.
[8] 堀井秀之「東京大学 i.school におけるイノベーション教育の試み」，工学教育，63（1），37-42.（2015）.
[9] C・クリステンセン，J・ダイアー，H・グレガーセン 著，櫻井 祐子 訳『イノベーションの DNA―破壊的イノベータの 5 つのスキル』，翔泳社（2012）.
[10] A.K. Goel, D.A. McAdams and R.B. Stone（Eds.）『Biologically Inspired Design: Computational Methods and Tools』，Springer（2014）.
[11] 下村政嗣「生物の多様性に学ぶ新世代バイオミメティック材料技術の新潮流」，科学技術動向，110，9-28.（2010）.
[12] 鷲田裕一（編）『未来洞察のための思考法』，勁草書房（2016）.
[13] http://www.eccse.kobe-u.ac.jp/pi-cave/（2017 年 8 月 3 日参照）.
[14] 石田亨（編）『デザイン学概論』，共立出版（2016）.
[15] 東京大学 i.school『東大式世界を変えるイノベーションのつくりかた』，早川書房（2010）.
[16] 田浦俊春，嶋田憲司，山田香織，妻屋彰，貝原俊也，横小路泰義，佐藤隆太，「構成的思考力を磨く国際デザインスクールの実践」，工学

教育，65（5），59–67.（2017）.

第8章

[1] R・ワイスバーク著，大浜幾久子訳『創造性の研究—つくられた天才神話』，メディアファクトリー（1991）.

[2] 田浦俊春『創造デザイン工学』，東京大学出版会（2014）.

[3] H・サイモン著，稲葉元吉・吉原英樹訳『システムの科学』，パーソナルメディア（1987）.

[4] 永井由佳里・田浦俊春・原川純一「創造的デザインプロセスをもたらす思考の広がり方の分析方法論の試行—デザインプロセスにおける主題的関連の役割」，デザイン学研究，54（4）, 39–46.（2007）.

[5] W. Isaacson,『STEVE JOBS』, Simon & Schuster（2011）.

[6] Editorial Board of IJDCI, Perspective on design creativity and innovation research, *International Journal of Design Creativity and Innovation*, 1（1）, 1–42.（2013）.

[7] http://www.olin.edu/academics/curriculum.asp（2017年8月2日参照）.

[8] 玄侑宗久『荘子と遊ぶ—禅的思考の源流へ』，筑摩書房（2010）.

著者紹介

1954年生まれ。神戸大学大学院教授。博士（工学）（東京大学）。東京大学大学院工学系研究科精密機械工学専攻修士課程修了。新日本製鐵株式会社勤務，東京大学人工物工学研究センター助教授等を経て，1999年より現職。この間，評議員，自然科学系先端融合研究環長（兼自然科学研究科長），統合研究拠点長などを併任。2018年4月より事業構想大学院大学教授。著書に『創造デザイン工学』（東京大学出版会，2014），『Creative Design Engineering』（Elsevier, 2016）などがある。

質的イノベーション時代の思考力
科学技術と社会をつなぐデザインとは

2018年2月20日　第1版第1刷発行

著者　田　浦　俊　春

発行者　井　村　寿　人

発行所　株式会社　勁《けい》　草《そう》　書　房

112-0005 東京都文京区水道2-1-1 振替 00150-2-175253
（編集）電話 03-3815-5277／FAX 03-3814-6968
（営業）電話 03-3814-6861／FAX 03-3814-6854
理想社・松岳社

ISBN978-4-326-55080-7　Printed in Japan